Uwe Heimowski

Mit dem Leben spielt man nicht

Wie mein Glaube mich aus der Sucht befreite
und ich eine zweite Chance bekam

Uwe Heimowski
mit Hauke Burgarth

Mit dem Leben spielt man nicht

Wie mein Glaube mich aus der Sucht befreite und ich eine zweite Chance bekam

SCM
Hänssler

SCM

Stiftung Christliche Medien

SCM Hänssler ist ein Imprint der SCM Verlagsgruppe,
die zur Stiftung Christliche Medien gehört, einer gemeinnützigen Stiftung,
die sich für die Förderung und Verbreitung christlicher Bücher,
Zeitschriften, Filme und Musik einsetzt.

MIX
Papier | Fördert gute Waldnutzung
FSC® C014496

Max-Eyth-Straße 41 · 71088 Holzgerlingen
Internet: www.scm-haenssler.de; E-Mail: info@scm-haenssler.de

Lektorat: Christiane Kathmann, www.lektorat-kathmann.de
Umschlaggestaltung: Sybille Koschera, Stuttgart
Titelbild: Henning Moser, WWW.HENNINGMOSER.DE
Satz: typoscript GmbH, Walddorfhäslach
Druck und Bindung: GGP Media GmbH, Pößneck
Gedruckt in Deutschland
ISBN 978-3-7751-6238-8
Bestell-Nr. 396.238

Inhalt

In diesem Buch erzähle ich meine Geschichte so, wie sie sich tatsächlich zugetragen hat. Natürlich geschieht das aus meiner persönlichen Perspektive und muss nicht unbedingt die Ansichten, Erinnerungen und Empfindungen Dritter widerspiegeln. Wo es mir angebracht schien, wurden deshalb aus Gründen des Persönlichkeitsschutzes Namen, Orte und Details geändert.

Leider musste ich mich auch beschränken. Viele Menschen haben mein Leben bereichert – doch es war nicht möglich, sie alle zu erwähnen. Seht es mir nach. Und glaubt mir meine ehrliche Dankbarkeit.

Ein dickes Dankeschön an den SCM Verlag, der mich gebeten hat, meine Geschichte zu erzählen. Dir, lieber Hauke, dass du sie so spannend zu Papier gebracht hast. Und dir, liebe Christine, für deine Liebe an guten und schlechten Tagen.

Zwei Tage im Dezember

»Ich kann nicht glauben.«
Komisch, manchmal beginnt der Glaube mit genau diesen vier Worten.[1]

Es ging mir schon eine ganze Weile nicht gut. Okay, ich war sechsundfünfzig und irgendwann muss sich jeder wohl oder übel damit anfreunden, dass man die eigenen Grenzen nicht von Jahr zu Jahr erweitern kann. Aber im Großen und Ganzen fühlte ich mich fit. »Altersentsprechend«, meinte meine Hausärztin und lächelte dabei.

Doch an diesem Tag im Dezember 2020 war mir nicht nach Lächeln zumute. Ich war nur kurz die Treppe hinuntergegangen, um ein Geburtstagspäckchen für unsere Jüngste entgegenzunehmen, und kam völlig verschwitzt und atemlos wieder oben an. Meine Brust brannte und mir war speiübel. Das konnte nicht nur Müdigkeit oder Abgeschlagenheit sein. Zunächst versuchte ich es noch mit einer kurzen Ruhepause, doch innerlich leuchteten schon alle Alarmglocken. Google gab mir recht. Als ich auf meinem Bett lag, mein Puls wieder etwas ruhiger schlug und ich langsam wieder Luft bekam, schaute ich meine Symptome nach und stieß dabei auf das hässliche Wort »Herzinfarkt«. Daneben stand warnend: »Wenn

Sie diese oder ähnliche Symptome haben, dann zögern Sie bitte nicht und rufen Sie den Notarzt.«

»Christine, komm doch mal bitte her …« Kurz besprach ich mich mit meiner Frau. Sollten wir noch abwarten? Sollte ich am nächsten Tag meine Hausärztin aufsuchen? Nein, wir riefen sofort die 112 an. »Guten Tag, hier Heimowski, ich denke, ich habe einen Herzinfarkt …«

> »Wenn Sie diese oder ähnliche Symptome haben, dann zögern Sie bitte nicht und rufen Sie den Notarzt.«

Es ging mir gut genug, um die Großaktion mit Rettungsfahrzeug und Notarzt mitzubekommen, aber es ging mir so schlecht, dass ich mich mittlerweile vor Schmerzen krümmte. Kurze Zeit später lag ich im Krankenhaus. Das EKG zeigte nichts Untypisches an, mir wurde Blut abgenommen und dann hieß es Warten. Auf der Notaufnahme herrschte Chaos. Corona-Chaos. Die Räume waren überfüllt. Ein Mann brüllte, dass er keine Maske tragen wolle, die Pandemie sei eine einzige Lüge. Die Zeit verging, die Schmerzen nicht. Nach einer Dreiviertelstunde zupfte ich einen Arzt am Ärmel. Er schaute verwirrt. »Was machen Sie denn noch hier?«

Im Eiltempo wurde ich auf die Intensivstation gebracht und bekam eine hohe Dosis Aspirin und Schmerzmittel gespritzt. Die Symptome waren zwar untypisch und die ersten Messergebnisse negativ, aber bald stellte sich heraus, dass ich tatsächlich einen Herzinfarkt hatte. Die Medikamente senkten den Blutdruck und langsam ließen die Schmerzen nach. Am nächsten Tag wurden mit dem Herzkatheter mehrere Stents gesetzt und eine Ader verödet. Es war sehr knapp gewesen.

Abends bekam ich Besuch von einer Psychologin, die mir erklärte, was nun mit mir passieren würde. »Es kann gut sein, dass Sie in den nächsten Wochen und Monaten mit Angstzuständen und Panikattacken zu kämpfen haben.« Sie schaute mich an. »Das ist völlig normal! Es ist eine Reaktion Ihrer Seele auf den lebensbedrohlichen Zustand, den Sie durchgemacht haben.«

Als ich wieder allein in meinem Zimmer lag, machte sich allerdings keine Angst breit, sondern tiefe Dankbarkeit. Ich wusste zwar nicht, wie es weitergehen würde, aber es würde weitergehen. Gott war da! Ich lebte.

Spontan dachte ich zurück an einen Dezembertag vor vierunddreißig Jahren, als mich Leben und Tod auf eine ähnlich intensive Weise berührt hatten.

1986 hatte ich Alkohol- und Drogenprobleme, vor allem aber war ich spielsüchtig. Ich hatte die Schule und meine Ausbildung abgebrochen. Gesundheitlich war ich völlig am Ende. Ich war zwar erst zweiundzwanzig, aber ich wusste nicht, wie es weitergehen sollte. Mir fehlte jede Hoffnung und ich hatte schon einen Plan gefasst, wie ich meinem Leben ein Ende setzen wollte. Mit einer ganzen Flasche Johnnie Walker trank ich mir Mut an. Doch bevor ich mich umbringen konnte, geschah etwas, was mein Leben komplett veränderte. So merkwürdig es klingen mag: Ich hatte eine Begegnung mit Gott. Eine innere Stimme sagte mir laut und klar vernehmbar: »Wenn du das jetzt machst, stehst du vor Gott. Und so, wie du gelebt hast, kannst du vor ihm nicht bestehen.« Glaube hatte bis dahin keine große Rolle in meinem Leben gespielt. Ab diesem Moment wusste ich, dass die Stimme nicht aus mir selbst kam. Betrunken, wie ich war, fiel ich auf meine Knie: »Wenn es dich wirklich gibt, dann musst du mir einen Ausweg zeigen«, forderte ich Gott heraus. Und das Unglaubliche geschah: Der Ausweg zeigte sich. Mein Leben nahm eine unfassbare Wende. Gott befreite mich aus der Sucht und ich bekam eine zweite Chance.

Ich spürte keine Angst, sondern war überwältigt von Dankbarkeit.

Und nun lag ich hier auf der Intensivstation. Blickte zurück auf vierunddreißig erfüllte Jahre, wie ich sie mir nie hätte vorstellen können. Ich spürte keine Angst, sondern war überwältigt von Dankbarkeit.

1986 und 2020. Zwei Tage im Dezember. Beide Male sah es so aus, als wäre mein Leben zu Ende. Und beide Male machte Gott etwas daraus. Dies und all die Geschichten drum herum möchte ich gern erzählen.

Erste Erinnerungen

> Ich freue mich schon auf den Tag, an dem ich mich nicht mehr dauernd daran erinnere, was ich alles vergessen habe.

Wenn ich spiele, dann spiele ich. Dann kann neben mir die Welt untergehen und ich lasse mich nicht stören. Das hört sich nach einem wunderbar fokussierten Leben an, als kleines Kind wurde es mir allerdings fast zum Verhängnis. Ich war zwei Jahre alt, als ich bei uns im Vorgarten mit irgendeiner wichtigen Aufgabe beschäftigt war. Musste ich Steine sammeln, um eine Burg zu bauen, oder unbedingt mit dem Ball ins Tor treffen? Ich weiß es nicht mehr. Jedenfalls rollte mein Vater mit dem Auto rückwärts aus der Garage und sah mich nicht. Als Zweijähriger erschien ich noch nicht in seinem Rückspiegel. Außerdem war sein Blick getrübt, denn er war – wie so oft – betrunken. Erst als er einen Aufprall und dann meinen Schrei hörte, trat er auf die Bremse.

Erst als er einen Aufprall und dann meinen Schrei hörte, trat er auf die Bremse.

Ich hatte zahlreiche Verletzungen und am schwersten hatte es meine Hüfte getroffen. Mit mehreren Brüchen lag ich viele Monate lang in einem Streckverband fixiert im Krankenhaus. Besuch galt damals eher als Störfaktor im Krankenhausablauf, deshalb gab es nur wenige Besuchszeiten pro Woche. Ich fühlte mich elend und allein und litt darunter beinahe mehr als unter meinen Brüchen. Natürlich erinnere ich mich nicht selbst an diese Zeit, aber ich habe die Geschichte so oft gehört, dass ich fast meine, den Automotor in der Garage anspringen zu hören und den typischen Krankenhausgeruch in der Nase zu haben.

Das Ganze ist allerdings mehr als ein Kindheitserlebnis für mich. Vieles beeinflusst ein Leben, obwohl man sich kaum oder gar nicht daran erinnern kann. Meine Hüftprobleme jedenfalls lassen mich bis heute nicht los. Jahre später wurde bei einer Röntgenuntersuchung ein Hüftschiefstand festgestellt und der Röntgenarzt meinte: »Das scheint von einem schweren Unfall herzurühren. Es würde auch häufige Kopf- und Rückenschmerzen erklären. Ist da mal etwas vorgefallen?«

Von all meinen Geschwistern habe ich die wenigsten Erinnerungen an meine Kindheit. Selbst mein jüngerer Bruder erinnerte sich an Situationen, die ich nicht mehr auf dem Schirm hatte. Das liegt sicher daran, dass ich als Kind ein Träumer war. Ich las viel, hörte Radio und Kassetten, dachte mir Geschichten aus und lebte oft in einer Art Parallelwelt. Mein kleiner Bruder genoss es. Wir teilten uns nämlich ein Zimmer, und wenn es dunkel wurde und wir ins Bett gehen sollten, kuschelte er sich in die Decke und bat: »Erzähl weiter.« »Was denn?« »Du weißt schon, von der Bisonjagd, wo du gestern aufgehört hast.« Regelmäßig erfand ich für uns beide Indianergeschichten, die Winnetou und Old Shatterhand alt aussehen ließen.

Vieles in meiner Umgebung bekam ich durch meine verträumte Art nicht richtig mit, manchmal verschwammen bei mir die Realität und meine erdachte Wirklichkeit. Später korrigierten meine Familie und andere mich regelmäßig und sortierten damit meine scheinbaren Erinnerungen neu. Oft hörte ich die Worte: »Was erzählst du denn? Das war doch ganz anders ...« Dieser frühe Rückzug in meine eigene Welt half mir damals wahrscheinlich, die ersten schweren Jahre meiner Kindheit zu überstehen; manches Schlimme bekam ich so schlicht und einfach nicht mit. Natürlich wurde ich trotzdem stark von meiner Herkunftsfamilie geprägt.

Mein Vater kam aus dem Osten, aus Danzig. Mein Opa war Pole – daher auch der Name Heimowski. Er war mit einer Deutschen verheiratet und wanderte im Dritten Reich nach Deutschland ein. In seiner alten Heimat sah er keine Zukunft mehr, und da er selbst Nazi war, ließ er sich in Heider umbenennen und zog ins »Großdeutsche Reich«, um für Deutschland zu kämpfen. Im Buch *Die Blechtrommel* wird in einem Nebensatz eine polnische Familie erwähnt: »Und nebenan Heinerts Eltern, die noch Heimowski hießen.«[2] Günter Grass beschreibt hier einen ähnlichen Namenswechsel wie bei meinem Großvater. Meinte er gar meine Familie? Ich weiß es nicht. Meine Oma verließ jedenfalls den frischgebackenen Herrn Heider wegen seiner nationalsozialistischen Einstellung und dachte pragmatisch: »Der Name Heimowski ist ja jetzt frei – also behalte ich ihn.« Sie lebte nach der Scheidung weiter in Danzig und mein Vater blieb bei ihr.

Als der Zweite Weltkrieg zu Ende ging, floh sie mit meinem Vater in den Westen. Am 30. Januar 1945 stand sie mit Tausenden anderen Flüchtlingen im Hafen von Danzig und hoffte auf eine Passage auf der *Wilhelm Gustloff*. Mein Vater und sie hatten keine Chance. Die Schlange der Ausreisewilligen, die vor den heranziehenden Russen flohen, war viel zu lang. Das Schiff war bereits überfüllt, bevor sie an der Reihe waren. Enttäuscht kehrten sie um und dachten: »Jetzt ist unser Leben vorbei!« Es wäre in der Tat vorbei gewesen, wenn sie an Bord gekommen wären, denn noch in derselben Nacht wurde das Schiff torpediert und sank. Nur rund tausend Personen wurden gerettet und überlebten – schätzungsweise neuntausend ertranken.

Meiner Großmutter und meinem Vater blieb nichts anderes übrig, als den Weg zu Fuß, mit der Bahn oder auch mal auf einem vorbeifahrenden Pferdewagen zu bewältigen. Im Westen angekommen gerieten sie nach Hämelerwald, einem Dorf in der Nähe von Hannover. Dort wuchs mein Vater auf, schloss die Schule ab, absolvierte eine Lehre als Maurer und arbeitete später als Lkw-Fahrer. Doch wie schon mein Opa wurde auch er zum Alkoholiker.

»Jetzt ist unser Leben vorbei!«

Meine Mutter wurde 1936 als jüngstes von zwölf Kindern in Litauen geboren. Auch sie musste kurz vor Ende des Krieges fliehen. Die Russen standen vor Litauen und die deutsche Minderheit im Land war gezwungen, ihre Heimat aufzugeben. Auf der Flucht geriet ihre Familie in Gefangenschaft und die Jahre in einem Lager in Polen waren von unglaublichen Qualen erfüllt: Hunger, schwere körperliche Arbeit und Schikanen bis hin zur Vergewaltigung. Als meine Mutter endlich in Deutschland ankam, hatte sie acht Geschwister verloren, und ihre Mutter galt als vermisst. Erst Jahre später konnte sie sie mithilfe des Roten Kreuzes finden – sie lebte. Obwohl meine Mutter die Jüngste war, übernahm sie die häusliche Verantwortung für ihren Vater und zwei Brüder – einer davon war ertaubt – und arbeitete nebenbei als Serviermädchen. Die Schule hatte sie insgesamt nur ein Jahr lang besucht – mehr war nicht möglich gewesen. Sie hatte sich zwar selbst das Lesen und Schreiben beigebracht, aber noch als erwachsene Frau wurde sie nervös, wenn ihr jemand beim Schreiben auf die Finger sah.

Nach einigen Jahren in Thüringen wurden die Flüchtlinge auf ganz Deutschland verteilt. Die Behörden schickten die Familie meiner Mutter ebenfalls nach Hämelerwald in Niedersachsen. Damals war meine Mutter siebzehn. Sie war neu im Ort, kannte noch niemanden und hatte Nachholbedarf. Als Kirmes gefeiert wurde, war sie fröhlich dabei, genoss das Fest und lernte einen jungen Mann kennen. Leider vertrug sie den Alkohol nicht. Sie gab sich den Avancen meines Vaters hin, wurde sofort schwanger und »musste« heiraten.

Von den Alkoholproblemen ihres Mannes hatte sie keine Ahnung und die Ehe wurde eine Katastrophe. Mein Vater brachte sein Geld mit anderen Frauen durch. Er trank. Immer wieder schlug er meine Mutter und drangsalierte uns Kinder, wo er nur konnte. Meine Eltern bekamen im Laufe der Zeit vier Kinder: meine Schwester, nach zwei Jahren meinen Bruder, nach acht Jahren kam ich zur Welt und dreieinhalb Jahre später mein jüngerer Bruder. Meine Mutter hatte da bereits Schlimmes erlebt, aber sie sah, dass es vielen Frauen in der Nachbarschaft genauso ging. Das Leben war wohl so … Viele Jahre lang fügte sie sich deshalb in ihr Schicksal, ohne etwas dagegen zu unternehmen.

Von den Alkoholproblemen ihres Mannes hatte sie keine Ahnung und die Ehe wurde eine Katastrophe.

Wenn ich heute an sie denke, dann fällt mir immer wieder ein, wie ich als ängstliches kleines Kind abends in meinem Bett lag, sie mir über die Stirn streichelte und mich fragte: »Soll ich dir eine Geschichte vorlesen?« »Au ja.« »Was willst du denn hören?« »Der kleine und der große Klaus!« »Aber das Märchen habe ich dir doch schon zigmal vorgelesen.« »Trotzdem. Bitte …« »Na gut«, antwortete sie, holte Andersens Märchen aus dem Regal und begann: »In einem Dorfe wohnten zwei Leute, die beide denselben Namen hatten. Beide hießen Klaus, aber der eine besaß vier Pferde und der andere nur ein einziges Pferd …« Das Vertraute dieser Erzählung gab mir Ruhe, genauso wie die Essenz der Geschichte, dass es sich lohnt, seinen Weg aufrichtig zu gehen. Im Anschluss sangen wir

»Guten Abend, gute Nacht«, Mutter betete, und ich schlief ein, in der Hoffnung auf den kommenden neuen Tag.

Tagsüber fühlte ich mich wesentlich unsicherer, vor allem, wenn mein Vater da war. Wir wussten nie, wann er von der Arbeit heimkam – und vor allem nicht, in welcher Laune. Hatte er getrunken? War er laut? Würde er Mutter schlagen? Etwas kaputt machen? Die Atmosphäre war geladen wie vor einem Gewitter, bei dem jeden Moment der Blitz einschlagen konnte. Es war schrecklich, uns beherrschte die pure Angst. Sobald Vater anwesend war, befanden wir uns alle in ständiger Habachtstellung und wollten unbedingt vermeiden, ihn zu reizen.

Kein Wunder, dass ich jede Gelegenheit nutzte, um dieser Spannung zu entkommen. Unsere Nachbarn waren kinderlos. Sie war Lehrerin, er Opernsänger. Irgendwie hatten sie einen Narren an mir gefressen, deshalb konnte ich jederzeit bei ihnen klingeln und war willkommen. Oft lag ich in ihrem Wohnzimmer auf der Couch und versank in einem spannenden Hörspiel, das im Radio lief, während bei uns zu Hause wieder einmal Krisenstimmung war. Vermutlich bekam ich auch deshalb vieles einfach nicht mit, weil ich anders als meine Geschwister die Möglichkeit hatte, den Konflikten aus dem Weg zu gehen.

Die Atmosphäre war geladen wie vor einem Gewitter, bei dem jeden Moment der Blitz einschlagen konnte.

Ein Ereignis ist mir allerdings sehr präsent. Vater war zwar im Haus, aber es war trotzdem ruhig, bis mitten am Tag plötzlich alle panisch schrien. Mutter und die beiden Großen riefen und rannten durcheinander und liefen dann auf unseren Dachboden. Erst später erfuhr ich, was geschehen war. Mein Vater hatte sich einen Strick genommen und sich an einem Dachbalken aufgehängt. Mutter entdeckte ihn, weil die Dachluke aufstand, schnitt ihn los und rettete damit sein Leben. Warum er das getan hatte, blieb unklar, er selbst erwähnte dieses Ereignis nie wieder.

Im Laufe der Jahre konnte ich mir diese Szene so plastisch ausmalen, dass ich irgendwann dachte, ich wäre dabei gewesen, doch als ich einmal davon erzählte, erklärte mein älterer Bruder trocken: »Du warst damals unten im Kinderzimmer. Wir haben dich weggeschickt. Nie hätten wir dich dazugeholt.«

Kennzeichnend für Vaters Umgang mit uns Kindern war auch ein anderes Ereignis. Es war Sommer und sehr heiß. Wir waren als ganze Familie im Garten, spielten, lasen oder lagen in der Sonne. Da rief Vater die beiden Großen: »Kommt mal her, ihr beiden. Hier habt ihr etwas Geld. Geht in den Laden und kauft eine große Packung Vanilleeis.« Schnell zogen sie los. Bei dem heißen Wetter wäre ein Eis genau das Richtige. Kurze Zeit später kamen sie mit einer Literpackung Vanilleeis zurück. Jetzt rief Vater: »Kommt alle her und setzt euch.« Natürlich taten wir das. Uns lief schon das Wasser im Mund zusammen. Und was machte er? Er holte sich einen Löffel, öffnete den Deckel, leckte ihn sorgfältig ab und aß anschließend das Eis komplett auf. Allein. Während wir alle zuschauen mussten. Keiner von uns traute sich, auch nur ein Wort zu sagen. Als er fertig war, meinte er nur: »Jetzt könnt ihr weiterspielen.« Viele wahrscheinlich wesentlich schlimmere Dinge bekam ich nicht mit, aber an diese Szene erinnere ich mich sehr genau.

Vater holte sich einen Löffel, öffnete den Deckel, leckte ihn sorgfältig ab und aß anschließend das Eis komplett auf. Allein. Während wir alle zuschauen mussten.

Sein Geld bekam mein Vater noch ganz klassisch in der Lohntüte. Jeweils am Freitag wurde ihm der Wochenlohn in bar ausgezahlt. Meistens bedeutete das für uns, dass wir ihn erst im Laufe des Sonntags wieder zu Gesicht bekamen, nachdem er den Inhalt der

Lohntüte vertrunken hatte. Um uns als Familie durchzubringen, ging meine Mutter deshalb frühmorgens einige Stunden putzen, bevor sie uns Kinder weckte und Frühstück machte. Sie verlor nie viele Worte darum. Es war einfach so und sie nahm es lange hin, doch sie litt mehr und mehr darunter.

Eine plötzliche Wende

Manchmal fühlst du dich wie ein Schatten deiner selbst.
Bis du merkst: Das geht nur, weil die Sonne scheint.

Das Leben ging weiter, aber in eine Richtung, die ich mir nie hätte vorstellen können. Eines Morgens sehr früh stand Mutter bei meinem Bruder und mir im Zimmer und weckte uns: »Guten Morgen. Aufstehen. Zieht euch an und kommt bitte gleich runter.« Unten angekommen ging unsere Mutter mit uns vors Haus. Dort standen viele unserer Möbel auf dem Gehweg. Daneben parkte ein kleiner Lkw. Am Steuer saß ein Mann, den ich noch nie gesehen hatte. Mutter umarmte ihn und stellte ihn uns vor: »Das ist Helmut, euer neuer Vater.«

Sie luden die Möbel ein, wir packten noch unsere Kleidung in Koffer und jeder von uns nahm seine persönlichen Sachen mit, dann wurden wir ins Führerhaus gesetzt und fuhren weg. Vorübergehend wohnten wir mit Helmut im benachbarten Lengede – dem Ort, der ein paar Jahre vorher durch ein Grubenunglück und die Rettung der beteiligten Bergleute berühmt geworden war. Ich verstand diesen plötzlichen Umzug nicht, aber wie die anderen war ich froh, dass die Angst erst einmal ein Ende hatte. Obwohl ich erst vier war, weiß ich noch, wie ich aufatmete.

»Das ist Helmut, euer neuer Vater.«

Helmut war ein Kollege meines Vaters. Er war schon einmal verheiratet gewesen und auch seine Ehe muss katastrophal gewesen sein. Wenn er als Fernfahrer von einer Tour heimkam, begegnete er in seinem Haus öfter fremden Männern, die bei seiner Frau waren. Bei einer Betriebsfeier kam er mit meiner Mutter ins Gespräch, und als sich die beiden näher kennenlernten, konnten sie sich gut in die jeweilige Lebenssituation des anderen einfühlen. Ihr Verständnis füreinander wurde zu Freundschaft und entwickelte sich zu Liebe, die für beide ein Strohhalm war, den sie ergriffen, um aus ihren kaputten Beziehungen herauszukommen.

Eine Weile später wurde ich in Lengede eingeschult. Auch wenn ich wissbegierig war, tat ich mich schwer damit, eine komplette Schulstunde konzentriert dabeizubleiben. Öfter träumte ich mich einfach heraus aus dieser Wirklichkeit. Die Schule nervte mich nicht besonders, aber mehrstündiges Stillsitzen war nicht mein Ding. Einmal schwänzte ich als Erstklässler sogar einen ganzen Schultag.

Es geschah völlig ungeplant. Als ich eines Morgens etwas lustlos zur Schule ging, begegnete ich einem vierzehn- oder fünfzehnjährigen Jungen, für mich also fast ein Erwachsener. Er trug Werbeblättchen aus, hatte in den ersten Stunden frei und erledigte seine Arbeit deshalb vor dem Unterricht. Er schimpfte wie ein Rohrspatz: »Ich hab keinen Bock auf diesen Scheißjob. Aber mein Vater meint, ich soll was dazuverdienen. So ein Mist – am liebsten würde ich mit den blöden Zetteln ein Lagerfeuer machen!« Ein Lagerfeuer – das klang spannend. Ich war sofort dabei. Wir liefen in den Wald und suchten uns eine schöne Ecke. Dort sammelten wir totes Holz und mein neuer Freund nahm seine Prospekte und entzündete damit ein spektakuläres Lagerfeuer. Wir fühlten uns als große Abenteurer. Die Schule hatte ich komplett vergessen …

Irgendwann im Laufe des Nachmittags machte ich mich auf den Heimweg. Meine Mutter war völlig aufgelöst, als ich dort ankam. Die Lehrerin hatte sie angerufen und gefragt, ob ich krank sei. »Wieso?« »Er ist nicht zur Schule gekommen.« Viele Mütter hätten sofort gedacht, dass ihr Kind wohl ein Alternativprogramm zur Schule gefunden hatte – nicht meine Mutter! Nicht in ihrer Situation! Sie hatte befürchtet, dass mein Vater mich entführt hätte, um Druck auf sie auszuüben oder einfach Tatsachen zu schaffen. So war sie zwar wütend, weil ich nicht zur Schule gegangen war, aber ihre Erleichterung überwog. Denn obwohl sie aus ihrer unglücklichen Beziehung geflohen war, war die Sache noch nicht ausgestanden.

Meinem Vater ging es nie ernsthaft darum, die Ehe mit meiner Mutter zu retten, aber für ihn war es ein Unding, dass sie einfach ausgezogen war. Wie stand er jetzt vor den Leuten da? Im Scheidungsprozess ging es ihm deshalb darum, meine Mutter als einzig Schuldige darzustellen. Das war nach dem Scheidungsrecht damals der wichtigste Punkt: Wer schuldig geschieden wurde, verlor seine Ansprüche. Und mein Vater erreichte sein Ziel. Meine Mutter war zu einem anderen gezogen, das genügte. Gewalt, Missbrauch, Fremdgehen – nichts von dem, was mein Vater getan hatte, spielte eine Rolle. Das Haus, das meine Mutter gemeinsam mit meinem Vater gebaut hatte, wurde ihm allein zugesprochen. Im Gegenzug bekam sie immerhin das Sorgerecht für uns Kinder, doch damit war mein Vater auch frei von allen finanziellen Verpflichtungen uns gegenüber.

Der Bruch zwischen meinen Eltern war endgültig.

Ich war zu jung, um diese Details zu verstehen – was ich mitbekam, war, wie angespannt meine Mutter oft war. Trotz der neuen Liebe ging sie durch sehr schwere Zeiten.

Der Bruch zwischen meinen Eltern war endgültig. Meine Mutter wollte ihren Ex-Mann nie wiedersehen. Auch ich traf meinen Vater jahrelang nicht mehr. Und als ich mit über zwanzig Jahren einmal versuchte, den Kontakt zu ihm aufzunehmen, ging das gründlich schief: Wir kannten uns nicht und hatten uns nichts zu sagen.

Glücklicherweise war das jedoch nicht das Ende. Jahre nach seinem Tod bekam ich einen Brief von einer mir unbekannten Frau. Sie schrieb: »Sehr geehrter Herr Heimowski, sind Sie vielleicht der Sohn von Heinz Heimowski aus Hämelerwald?« Ich schrieb zurück und bestätigte es ihr. Darauf antwortete sie mir: »Es mag seltsam für Sie klingen, aber ich hatte es auf dem Herzen, Ihnen zu schreiben. Ich bin die Tochter der Frau, die Ihren Vater nach seiner Scheidung geheiratet hat.« In dem Brief erzählte sie weiter, dass mein Vater eine Entziehungskur gemacht und nie wieder etwas getrunken hätte. Auch gewalttätig wurde er nicht mehr. Sie schloss ihren Brief mit dem Satz: »Er ist mir ein liebevoller Stiefvater geworden. Ich dachte, dass das vielleicht für Sie schön zu hören ist.« Das war es tatsächlich. Es versöhnt mich im Nachhinein damit, ein Sohn dieses Mannes zu sein. Und es zeigt mir, dass Veränderung immer möglich ist. Ich habe keine Ahnung, wie mein Vater am Schluss zu Gott stand, aber irgendwie trägt diese Entwicklung Gottes Handschrift. Trotzdem blieb ein Schmerz: Er hätte sich ja auch bei seinen leiblichen Kindern melden können …

Meine beiden älteren Geschwister mussten kurz nach der Trennung das Haus verlassen, und ich hatte über Jahre hinweg nur wenig Kontakt zu ihnen. Sie hatten massive Probleme, die direkt von unserer desolaten Familiensituation herrührten – was ich als kleines Kind weggeträumt oder nicht mitbekommen hatte, hatten sie ungefiltert erlebt. Mein Bruder kam nach einem Diebstahl bei meinem Vater in ein Kinderheim, als der ihn anzeigte. Wahrscheinlich tat er das in erster Linie, um unserer Mutter eins auszuwischen.

Die Fürsorgeerziehung war in der damaligen Gesetzgebung knallhart. Meine Schwester wurde mit siebzehn schwanger und heiratete mit achtzehn, wie meine Mutter. Auch ihr Mann war Alkoholiker. All das belastete und prägte mich und die gesamte Familie, doch obwohl das für jeden von uns spürbar war, waren diese Themen damals tabu: Wir sprachen nicht darüber.

Bald darauf zogen Helmut, meine Mutter, mein jüngerer Bruder und ich in eine völlig andere Gegend. Helmut hatte im hohen Norden eine neue Arbeitsstelle gefunden – wieder als Kraftfahrer. Kurz unterhalb der dänischen Grenze lebten wir in Nordfriesland in einem Dorf mit nur wenig mehr als hundert Einwohnern. Zunächst wohnten wir zur Miete. Später konnte Vati, wie ich ihn inzwischen nannte, ein günstiges Baugrundstück kaufen. Dort baute er mit meiner Mutter zusammen unser Haus. Eine Weile später bekam meine Mutter noch ein Kind, meine Halbschwester. So wuchsen wir auf dem platten Land auf.

Unser Einzug ins eigene Haus brachte etwas Ruhe in unsere Familiensituation, auch wenn es der dritte Umzug in kürzester Zeit war. Sicher spielte das eine Rolle dabei, dass ich zu Beginn in der neuen Schule extrem schüchtern und zurückhaltend war. Die Gegend war wunderschön, doch mein Einstieg ins Dorfleben war hart. Auf dem Land wurde eben »Platt geschnackt« und ich verstand nur Bahnhof. Es dauerte eine ganze Weile, bis ich als Zugezogener diese fremde Sprache lernte. Dazu kamen die anderen Kinder im Dorf, die nicht unbedingt auf mich gewartet hatten.

Auf dem Land wurde »Platt geschnackt« und ich verstand nur Bahnhof.

Auf einem meiner ersten Streifzüge in die Nachbarschaft entdeckte ich ganz in der Nähe unserer Wohnung eine große Sandgrube. Das war ein wunderbares Spielfeld, da konnte ich mit Autos fahren, etwas aus Sand bauen und einfach meinen Spaß haben. Schon bei meinem ersten Besuch dort kamen zwei Jungs aus der Nachbarschaft vorbei. Ich freute mich, sie zu sehen, und dachte, dass wir zusammen spielen könnten, doch sie schauten sich nur kurz gegenseitig an und stürzten sich dann mit Indianergeheul auf mich. Für sie war ich der Neue und musste erst einmal verprügelt werden, schließlich war ich in ihr Revier eingedrungen. Als ich längst am Boden lag, steckten sie mir noch Sand und Regenwürmer in den Mund. Ich weiß nicht, was sie noch mit mir angestellt hätten, da kam wie aus dem Nichts ein anderer Nachbarsjunge, der etwas älter war als wir. »Hey«, rief er schon von Weitem, »lasst den Jungen hier gefälligst in Ruhe!« Er stieß sie zur Seite und baute sich kampfbereit auf. Sie zögerten kurz, aber dann liefen sie fort – und er ließ sie gehen. Offensichtlich hatten sie Respekt vor ihm. »Ich bin übrigens Michael«, meinte er und half mir, aufzustehen. »Uwe«, antwortete ich, nachdem ich die Würmer ausgespuckt hatte. Das war der Beginn unserer Freundschaft.

Die beiden Jungs, die er vertrieben hatte, waren weder seine Freunde, noch hatte er etwas gegen sie, er konnte nur keine Ungerechtigkeiten ertragen, deshalb stand er mir bei, als sie sich zu zweit über mich hermachten. Für mich war das eine tolle Erfahrung. Ich war der Neue und niemand kannte mich, aber da war einer, der haute mich raus.

Ich war der Neue und niemand kannte mich, aber da war einer, der haute mich raus.

Michael war zweieinhalb Jahre älter als ich – es hat uns beide nicht gestört. Die nächsten Jahre war er mein Ein und Alles. Er liebte Fußball. Das war bis dahin überhaupt nicht meine Welt, aber um ihm ähnlich zu sein, tat ich von nun an das Gleiche. Ich hörte und sah mir die Bundesligaspiele an, kannte die aktuelle Tabelle auswendig und wusste, welcher Spieler bei welchem Verein auflief. Michael war ein glühender HSV-Fan und schnitt sich jedes Bild seiner Mannschaft aus den Zeitungen aus, die er bekommen konnte. Sein Zimmer war tapeziert mit Fotos von Kevin Keegan, Rudi Kargus, Horst Hrubesch und seinen anderen Helden. Das imponierte mir, aber ich wollte natürlich nicht, dass er merkte, wie ich ihm alles nachmachte, also entschied ich mich für Bayern München als Lieblingsmannschaft und sammelte Bilder von deren Stars: Sepp Maier, Karl-Heinz Rummenigge, Paul Breitner und den anderen. Das hatte den Vorteil, dass wir uns beim Sammeln der Bilder nie ins Gehege kamen – und unsere Freundschaft überlebte auch die Spiele des HSV gegen Bayern.

Während dieser Zeit zog mein älterer Bruder Peter noch einmal bei uns ein, da er volljährig geworden war und nicht mehr im Kinderheim bleiben musste. Weil es in unserem Haus kein freies Zimmer mehr gab, teilte ich mir für eine Weile wieder das Zimmer mit meinem kleinen Bruder Frank. Unser Miteinander war zwar herausfordernd, aber immer wieder sehr schön, eigentlich war es die schönste Zeit, die wir miteinander hatten. Und auch mit meinem großen Bruder verbrachte ich viele herrliche Stunden.

Peter wollte eigentlich eine Lehre als Kfz-Mechaniker beginnen, doch ihm fehlte der Schulabschluss. So fing er stattdessen eine Ausbildung als Tankwart an. Für mich war er damals so etwas wie ein Held. Er fuhr schon Moped – eine schnittige Zündapp – und nahm mich oft mit. Bei uns im Dorf war fast kein Verkehr und es gab jede Menge leere Feldwege. Oft stoppten wir bei unseren Touren und er ließ mich nach vorne: »Na, los. Du bist dran. Du weißt ja, wie es geht…« Und dann drehte ich ein paar Runden.

Wir gingen auch regelmäßig zusammen angeln. In der Nähe floss die Soholmer Au. Wo sie nicht kanalisiert war, waren die Uferabschnitte traumhaft schön. Dort verbrachten wir Stunden miteinander, und er zeigte mir, wie man die Angel vorbereitet, den richtigen Köder findet und schließlich die Angel auswirft. Die Freude war groß, wenn wir Weißfische oder Forellen mit nach Hause brachten. Diese Zeit mit meinem Bruder ist mir als sehr schön und heil in Erinnerung geblieben, wir kamen uns damals so nah wie noch nie. Nach einer Weile überwarf er sich jedoch mit seinem Chef und brach die Ausbildung ab. Es wurde schnell klar, dass er keinen zweiten Anlauf starten würde. Stattdessen arbeitete er erst auf einem Krabbenkutter in der Nordsee, bis er schließlich wieder daheim auszog und auf einem großen Hochseefischerboot anheuerte.

Als Familie hatten wir nicht viel Geld, aber eigentlich alles, was wir brauchten. Wir lebten einfach, doch es ging uns gut damit. Während andere im Sommerurlaub nach Holland oder sogar bis Italien fuhren, machten wir Ausflüge an die Nordsee, picknickten dort, spielten Fußball – vor allem, wenn Michael mit von der Partie war – und schwammen im Meer. Die Sonne war dieselbe wie im Ausland. Weil wir immer mehr zusammenwuchsen, hatte ich den heimlichen Traum, dass wir eine »richtige Familie« werden könnten. Daher ging ich eines Tages ins Wohnzimmer zu meinem Stiefvater und fragte ihn direkt: »Vati, willst du mich adoptieren?«

»Vati, willst du mich adoptieren?«

Ich muss damals etwa in der vierten Klasse gewesen sein und wir hatten im Unterricht über Adoption gesprochen. Der Gedanke an diese Möglichkeit hatte mich nicht mehr losgelassen und so stand ich jetzt mit erwartungsvollem Blick vor ihm. Die Frage war mir einfach so herausgeplatzt, ohne dass ich länger darüber nachgedacht hatte. Trotzdem war sie für mich logisch: Helmut war mit meiner Mutter verheiratet. Er war mein Stiefvater. Er sorgte für uns. Wieso sollte er mich nicht adoptieren? Seine Antwort haute mich um. Er schluckte kurz, dann wurde er laut: »Das fehlt mir gerade noch! Ich habe schon genug Probleme mit euch!« Danach drehte er sich um und sprach nicht weiter mit mir darüber.

Für mich warf er damit emotional eine Tür zu. Mein Traum von einer normalen, heilen Welt zerplatzte einfach. Das war mir schnell klar und so schlug ich mit meinen Waffen zurück: »Wenn du nicht mein Vater sein willst, dann bist du für mich in Zukunft nur noch der Helmut.«

Es dauerte lange, bis ich ihn mit seiner Äußerung verstehen konnte. Helmut hatte bereits drei Kinder aus seiner ersten Ehe, für die er finanziell aufkam – mein Vater zahlte für meinen Bruder und mich keinen Pfennig. Die Situation mit meinen älteren Geschwistern war immer wieder angespannt: Mein älterer Bruder saß zeitweilig im Gefängnis, der Sohn meiner Schwester zog zu uns, weil sie Alkoholprobleme hatte und ihn nicht versorgen konnte – regelmäßig musste Helmut sich um diese Schwierigkeiten kümmern. Und zu allem Überfluss musste er auch noch mit dem Dorftratsch klarkommen, in dem unsere Familiensituation lang und breit diskutiert wurde. Helmut sparte, wo er nur konnte, und baute neben seiner Arbeit in jeder freien Minute mit meiner Mutter zusammen unser neues Haus. Dafür machte er Überstunden ohne Ende und fuhr Sondertouren, die er sich auszahlen ließ, um ein paar Mark mehr zur Verfügung zu haben. Er war im Dauerstress, morgens um sechs ging er aus dem Haus und abends um acht kam er zurück – und in diese Situation hinein kam ich mit meiner Frage. Im Nachhinein kann ich ihn gut verstehen, trotzdem ließ seine Antwort meine Welt zerbrechen.

Ich empfand ihn zunehmend als seltsam und distanziert. Unsere Beziehung hatte einen schweren Knacks bekommen. Das Verhältnis wurde noch angespannter, als ich ein Jahr später aufs Gymnasium kam. Ja, ich hatte es tatsächlich geschafft, denn trotz des ganzen Durcheinanders in der Familie war ich ein guter Schüler – ich war stinkfaul, aber intelligent genug, um dennoch gute Leistungen zu bringen. Dort saß ich zwischen anderen Gymnasiasten, deren Väter Ärzte waren, Anwälte, Lehrer oder sonst etwas Wichtiges. Und mein Stiefvater war Kraftfahrer! Ich begann, mich für ihn zu schämen. So verschärften sich auch daheim die Spannungen zwischen uns.

Die ganze Situation verunsicherte mich zutiefst. Stimmte etwa, was meine Mutter mir manchmal an den Kopf warf, wenn ich etwas falsch machte? »Du bist wie dein Vater!« Ich bin meinem leiblichen Vater wohl tatsächlich ähnlich mit meiner Impulsivität, meiner Neigung zum Jähzorn und manchen anderen eher negativen Eigenschaften. Für mich klang in ihrer Aussage jedoch zusätzlich mit: »Dein Leben muss schiefgehen.« Und jetzt fühlte ich mich auch noch in der Schule am falschen Platz. Mein Stiefvater hatte mir deutlich zu verstehen gegeben: »Eigentlich will ich dich nicht.«

Unsere Beziehung hatte einen schweren Knacks bekommen.

Zwischen Gymnasium und Disco

Eingeschränkte Freiheit ist wie ein Goldfischglas: Du siehst die Welt, aber schwimmst im Kreis. Grenzenlose Freiheit ist wie ein Meer ohne Ufer, du kannst überallhin, aber es überschwemmt dein Leben.

»Der Junge ist hochintelligent, aber leider kann er sich überhaupt nicht konzentrieren.« So unterschiedlich die Lehrerinnen und Lehrer waren, mit denen ich zu tun hatte, so einheitlich war ihr Urteil. ADHS war damals noch völlig unbekannt, doch meine Bewertungen klangen ganz danach.

Ich bekam die Schule einfach nie in den Fokus. Es gab einige, die alles dafür taten. Sie lernten, setzten sich ein, beteiligten sich im Unterricht und schrieben auch meistens passable Noten. Andere hassten die Schule geradezu und fühlten sich eingesperrt. Sie wollten dort so schnell wie möglich raus. Das sah bei mir ganz anders aus. Ich war gern mit anderen Schülern zusammen, interessierte mich für vieles, kam inhaltlich meistens gut mit, aber ich schaffte es einfach nicht, mich aufs Lernen zu konzentrieren, wenn ich allein war. Da war ich abgelenkt oder versank in Tagträumen.

Trotzdem war ich einer der wenigen bei uns im Dorf, die nach der Grundschule nicht auf der Volksschule blieben, sondern auf eine höhere Schule gingen. Der Weg dorthin war allerdings eine kleine Weltreise. Die Strecke von unserem Dorf bis zum nächsten Gymnasium betrug fast dreißig Kilometer, und da der Bus an jeder Milchkanne hielt, musste ich gegen sechs Uhr morgens losfahren, um vor acht in der Schule in Niebüll anzukommen.

In den ersten Jahren am Gymnasium war ich unwahrscheinlich schüchtern. Wenn ich nicht direkt von Lehrern angesprochen wurde, hielt ich meistens den Mund. Vermutlich merkte kaum jemand um mich herum, dass ich da war. Was ich liebte, war das Kicken in den Pausen. Irgendjemand hatte immer einen Tennisball in der Schultasche. Sobald wir nach dem Klingeln draußen waren, wurden Mannschaften gebildet, jeweils zwei Ranzen waren die Tore, vier Jacken bildeten die Eckpunkte, und dann ging's los. Hier war ich voll bei der Sache.

Ich wollte unbedingt dazugehören. Weil mir das Kicken Spaß machte, ging ich auch in den Fußballverein im Nachbardorf. Von der C-Jugend an trat ich dort mit den anderen Jungs in meinem Alter gegen den Ball. Ich war weder besonders gut noch besonders schlecht. Doch vor allem war ich der Einzige, der nicht richtig Platt sprach, und im Verein war Hochdeutsch verpönt. Die anderen lachten über meine mangelhaften Versuche am Dialekt. So war ich auch hier ein Außenseiter, und der Gedanke »Du gehörst nicht dazu« setzte sich mehr und mehr fest.

Ich wollte unbedingt dazugehören.

Wie schüchtern ich damals war, wird vielleicht an einer Situation deutlich: Ich hatte mich in eine Mitschülerin verguckt. Maike war wunderschön, hatte blonde Zöpfe, strahlende Augen und ein Lächeln, das für mich die Sonne aufgehen ließ. Wann immer es möglich war, verbrachte ich meine Zeit in ihrer Nähe – nie direkt bei ihr, aber auch nicht zu weit weg. Nie im Leben hätte ich mich getraut, ihr zu sagen, dass ich sie nett fand, oder sie zu fragen, ob wir mal etwas zusammen unternehmen könnten. Stattdessen hoffte ich darauf, vielleicht einmal mit ihr gemeinsam für den Tafeldienst eingeteilt zu werden. Tatsächlich ging diese geheime Hoffnung in Erfüllung, weil ihr Nachname mit G anfing und Heimowski im Alphabet direkt danach kam. Mein größter Wunsch wurde Wirklichkeit! Über zwei Jahre hinweg waren wir immer wieder zusammen dran und verbrachten größere Teile der Pausen gemeinsam im Klassenzimmer. Eigentlich war dies die Chance meines Lebens, aber ich wechselte die ganze Zeit über kein einziges Wort mit ihr. Ich traute mich einfach nicht.

In der Schule schlängelte ich mich so durch. Doch schließlich schlug auch bei mir die Pubertät zu. Wo ich früher wenig gelernt hatte, ließ ich es nun ganz sein. Alles andere war mir wichtiger und so durchlebte ich den Klassiker: Als nächste Fremdsprache bekam ich Latein, die Vokabeln ließen sich nicht improvisieren, also sackte ich bis auf die Nulllinie ab. Trotzdem verbinde ich ein besonders positives Ereignis mit dem Lateinunterricht, besser gesagt mit meiner Mutter.

Irgendwann klingelte nachmittags bei uns zu Hause das Telefon und Mutter ging an den Apparat. »Hier ist Frau Staack, die Lateinlehrerin Ihres Sohnes. Gut, dass ich Sie erreiche, denn ich muss Ihnen sagen …« – und dann zählte Frau Staack auf, was ich alles verbrochen hatte: Ich war vorlaut, lernte keine Vokabeln, hatte den Caesar im Lateinbuch künstlerisch bearbeitet, hielt auch noch die anderen in der Klasse vom Lernen ab und vieles mehr. Frau Staack hätte kein Ende gefunden, wenn meine Mutter sie nicht unterbrochen hätte: »Es trifft sich gut, dass Sie anrufen, sonst hätte ich mich nämlich bei Ihnen gemeldet.« »Ach ja?« »Was fällt

Ihnen eigentlich ein, meinen Sohn vor den anderen in der Klasse so schlecht zu behandeln? Was Uwe mir da erzählt hat, geht auf keine Kuhhaut …«

Sicher war meine Sicht auf die Dinge sehr einseitig. Ich war aufsässig und stockfaul, aber die monatelangen Konflikte im Lateinunterricht lagen nicht nur an mir. Das machte meine Mutter der Lehrerin sehr deutlich. Nach diesem Telefonat hätte ich meine Mutter umarmen können. Ich schaute bewundernd zu ihr auf – doch das hätte ich ihr damals nie gesagt! Vor allem freute ich mich riesig, dass sie ohne Wenn und Aber zu mir stand.

Diese Freude dauerte allerdings nicht sehr lange, denn die Folgen hatte ich trotzdem zu tragen. Nachdem meine Mutter den Hörer auf die Gabel gelegt hatte, ging sie in die Küche, holte den großen Holzlöffel aus der Schublade und schlug ihn mir auf den Allerwertesten, bis der Hosenboden qualmte. Sie zeigte mir mehr als deutlich, dass sie nicht mit meinem Verhalten einverstanden war, aber nach außen verteidigte sie mich wie eine Löwin. Sie hielt immer zu uns Kindern, egal, was wir ausgefressen hatten.

Nach diesem Telefonat hätte ich meine Mutter umarmen können.

Ihr Einsatz konnte jedoch nichts an meiner Sechs in Latein ändern – nach der siebten Klasse blieb ich sitzen. Und nach der neunten noch einmal. Da ich als Septemberkind erst mit knapp sieben Jahren eingeschult worden war und nun auch noch sitzen geblieben war, gehörte ich in meiner Klasse mit Abstand zu den Ältesten. Gute Freunde fand ich in der Schule trotzdem nicht. Mit ein paar Jungs aus meiner Klasse spielte ich Fußball im Verein, ansonsten verband uns wenig.

Michael war nicht auf dem Gymnasium gelandet, sondern auf der Hauptschule und nach dem Abschluss begann er eine Lehre als Maurer. Unserer Freundschaft tat das keinen Abbruch. Wenn ich nachmittags nach Hause kam, feuerte ich meinen Schulranzen in die Ecke und ging sofort mit ihm Fußball spielen. Wenn meine Mutter mich fragte: »Hast du Hausaufgaben auf?«, wiegelte ich ab: »Hab ich schon im Schulbus gemacht …«

Leider wurde die Unterrichtszeit immer länger und ich kam oft erst spät nach Hause, während meine Kumpels auf dem Bolzplatz bereits ein Tor nach dem anderen schossen. Ich beneidete sie dafür, dass sie sich nicht durchs Gymnasium quälen mussten. Sexta, Quinta, Quarta, Untertertia, Obertertia, Untersekunda – mit jedem Schuljahr kam ich später nach Hause und hätte mehr Aufgaben zu erledigen gehabt. Doch natürlich hatte ich auch Freizeit oder ich nahm sie mir einfach. Nachmittag für Nachmittag waren Michael und ich zusammen unterwegs, aber sehr bald reichten die Nachmittage nicht mehr.

Allerdings hätte ich mit vierzehn oder fünfzehn Jahren abends um zehn Uhr kaum sagen können: »Mama, ich zieh noch mal eben mit Michael um die Häuser, wir gehen in die Disco …« Stattdessen sagte ich abends brav »Gute Nacht« und begab mich in mein Zimmer. Das hatte allerdings eine Tür nach draußen, die zum Abhauen geradezu einlud, und so verließ ich Abend für Abend das Haus, traf mich mit Michael und wir zogen los.

Michael war die entscheidenden Jahre älter und bereits motorisiert. Das war auch notwendig, denn bei uns im Dorf gab es nichts, wo man abends hingehen konnte.

> So verließ ich Abend für Abend heimlich das Haus.

»Ins *Starlight*?«, fragte er mich und ich nickte. Natürlich. Wer hätte schon Nein gesagt zur besten Disco der Gegend – es war auch die einzige. Das erste Mal war ich sehr unsicher, also löcherte ich Michael mit Fragen: »Wie ist es in der Disco? Was macht man da so? Wie viele Leute sind da? Gibt es nette Mädchen? Worüber redet man?« Erst antwortete er noch lächelnd und ließ mich an seinem Erfahrungsschatz teilhaben, doch irgendwann wurde es ihm zu viel und er sagte nichts mehr.

Wir parkten vor der Disco, gingen auf den blinkenden *Starlight*-Schriftzug zu, zahlten unseren Eintritt und gingen hinein. Ich war völlig überfordert von der Lautstärke und den vielen Menschen. Michael steuerte zielsicher los in Richtung Tanzfläche, und ich folgte ihm einfach. Als er jemanden begrüßte, stand ich daneben, aber als er begann zu tanzen, war ich plötzlich übrig.

Was sollte ich tun? Verloren schaute ich mich um. Niemand sprach mich an und ich traute mich nicht, mit jemandem zu reden. Im Vergleich zu den anderen in der Disco war ich noch der »Kleine« und so fühlte ich mich auch. So landete ich nach einer Weile in einer Ecke, wo Flipperautomaten standen. Hier war es etwas ruhiger. Ein etwas älterer Junge stand da an einem Automaten und ließ die Kugel so lange wie möglich tanzen. Dann ertönte eine Melodie. »Freispiel«, jubelte er und schaute mich an. »Spielst du mit?« Ich legte etwas Geld zu seinem dazu und antwortete: »Klar.« Schweigend spielten wir eine Weile und schließlich verabschiedete er sich: »Man sieht sich.« Dann ging er.

In meinen Tagträumen war ich der begehrte Fußballprofi, dem alle Mädchen zu Füßen lagen, doch abends, wenn Michael kam und mich zur Disco abholte, verfolgte mich die Angst: Würde ich wieder mit niemandem sprechen? Allein in der Ecke stehen und etwas flippern? Immerhin fand ich im Laufe der Zeit ein paar Mitspieler, mit denen ich reden konnte, aber Partymachen in der Disco hatte ich mir anders vorgestellt.

Natürlich hatte dieser Lebensstil weitere negative Auswirkungen auf meine schulischen Leistungen. Kein Wunder: ohne Lernen, Hausaufgaben und ausreichend Schlaf. Meine Noten sackten also rapide ab und manch ein Lehrer fragte mit verdrehten Augen: »Uwe, was soll nur aus dir werden?«

Ob meine Eltern etwas ahnten? Sie erfuhren es jedenfalls sicher, als eine Nachbarin ihnen über den Gartenzaun erzählte: »Also der Uwe verschwindet jeden Abend durch die Hintertür. Und so bald kommt der auch nicht wieder zurück. Einmal hab ich ihn erst frühmorgens gesehen, wie er durch den Garten auf dem Rückweg war.« Natürlich ließen meine Eltern das nicht einfach so stehen, noch am selben Tag musste ich antreten und Helmut wollte seinen erzieherischen Einfluss bei mir geltend machen. Ich schaute ihn jedoch nur abfällig an und meinte: »Das kannst du völlig vergessen.«

Er reagierte zunehmend hilflos auf meine Aufsässigkeit. Bei einer anderen Gelegenheit baute er sich drohend vor mir auf, weil ich mich völlig danebenbenommen hatte, und wollte mich schlagen. Ich provozierte ihn noch: »Na los, schlag zu. Wir wissen ja beide: Die Faust setzt da ein, wo das Hirn aussetzt. Und dass du der Dümmere von uns bist, ist jedem klar.«

»Das kannst du völlig vergessen.«

Meine Worte waren noch nicht ausgesprochen, da wusste ich schon, dass ich zu weit gegangen war. Helmut tat nichts. Er stand da und hatte Tränen in den Augen. Ich realisierte, dass ich eine Grenze überschritten und zwischen uns noch mehr kaputt gemacht hatte. »Na, wenn schon«, redete ich mir ein. »Er hat schließlich angefangen. Er wollte mich nicht adoptieren.« Wohl fühlte ich mich bei dem Gedanken trotzdem nicht. Meine unbedachte Äußerung sorgte für einen Bruch, der uns viele Jahre trennte. Er war nicht der Typ dafür, um über solche Fragen zu reden, und ich war nicht der Typ dafür, mich zu entschuldigen.

Zu meiner Aufsässigkeit gesellte sich bald etwas, das mich noch stärker herunterzog: Alkohol. Eigentlich hätte ich bei meiner Konfirmation schon merken können, wie groß die Probleme sind, die durch Alkohol entstehen können, aber ich wollte es nicht wahrhaben. Mein Bruder, der zu Besuch gekommen war, hatte ausgiebig mitgefeiert und sich ziemlich betrunken. Er stritt sich mit einem Onkel und war plötzlich verschwunden. Als Nächstes hörten wir in den Radionachrichten von ihm: »Achtung, Autofahrer! Auf der B199 Richtung Flensburg fährt ein offensichtlich alkoholisierter Fahrer mit überhöhter Geschwindigkeit. Bitte fahren Sie äußerst vorsichtig.«

> Er stand da und hatte Tränen in den Augen.

Schnell zählten wir eins und eins zusammen: Mein Bruder war weg und auf dem Parkplatz vor dem Haus fehlte ein Auto. Alkoholisiert, wie er war, hatte er sich ans Steuer gesetzt und eine kleine Spritztour gemacht. Auf dem Dorf sitzt man schon mal mit ein paar Bierchen am Steuer, weil fast die gesamte Umgebung aus leeren Feldwegen besteht, doch er hatte sich für die Straße entschieden. Sein Fahrstil war so auffällig, dass die Polizei ihn bemerkte und anhalten wollte. Aus Angst vor den Konsequenzen und im Bewusstsein seiner scheinbaren Stärke gab er Gas.

Damit war meine Konfirmationsfeier praktisch beendet. Mit offenen Mündern hörten wir am Radio von der wilden Verfolgungsjagd in Richtung Flensburg. Eine Weile konnte mein Bruder der Polizei davonfahren, schließlich stoppten sie ihn, stellten fest, dass er vorbestraft war, und er kam direkt in Untersuchungshaft. Ich fand das entsetzlich. So etwas sollte mir nie passieren! Aber leider kam es ganz anders.

Aus und vorbei

Gene kann man erben,
Charakter muss man erwerben.

Im Herbst fand bei uns im Dorf das traditionelle Biikebrennen statt, ein Dorffest, das in vielen friesischen Orten gefeiert wird. Das Wetter war lau und schön, ein leichter Wind wehte und keine Wolke stand am Himmel. Der Wirt unserer Dorfkneipe verkaufte Würstchen und Getränke und ich saß entspannt mit einem Orangensaft und einer Wurst auf einer Bank. Von hier hatte ich einen guten Blick auf den gewaltigen Holzstapel, der später entzündet werden sollte. Aus einem kleinen Festzelt ertönte Tanzmusik und langsam kam Stimmung auf. Es wurde getanzt, gesungen und getrunken. Das ganze Dorf war zusammengekommen und die Bewohner der Nachbarorte noch dazu.

Alkohol war bis dahin für mich kein Thema gewesen. Meine Konfirmation war noch nicht lange her und früher hatte ich selbst mitbekommen, wie sich mein leiblicher Vater nach dem Trinken verhalten hatte. Auch meine älteren Geschwister hatten Probleme mit dem Alkohol. Doch dann kam unsere Nachbarin Tante Greta mit einem verschwörerischen Lächeln auf mich zu und meinte: »Hallo Uwe, du trinkst doch sicher ein Glas Apfelkorn mit mir. Du bist ja inzwischen konfirmiert und schon ein junger Mann.«

Ich zierte mich etwas, sagte dann aber Ja. Irgendwie gehörte das dazu, also nahm ich das angebotene Glas, stieß mit ihr an und trank es in einem Zug aus. Der Korn brannte fürchterlich im Hals, aber er wärmte auch und irgendwie bildete ich mir ein, dass er mir schmeckte. Ich kam mir sehr erwachsen und stark vor. Während ich mein Glas abstellte, sagte sie: »Auf einem Bein kann man nicht stehen.« Also trank ich noch einen.

Dabei blieb es nicht. Ein Damm war gebrochen. Ich trank einen Apfelkorn nach dem anderen und kann mich nicht mehr erinnern, wie ich nach Hause gekommen bin. Dafür erinnere ich mich an den nächsten Morgen, als ich mit starken Kopfschmerzen aufwachte und sah, dass der Apfelkorn durchschlagende Wirkung gehabt hatte. Betrunken, wie ich war, hatte ich ins Bett gemacht.

Diese Peinlichkeit hielt mich nicht davon ab, bei der nächsten Gelegenheit wieder zu trinken – ich konnte ja zwischendrin zur Toilette gehen. Der Alkohol wirkte auf mich so, wie ich es kaum zu träumen gewagt hätte: Nach ein, zwei Gläsern wurde ich plötzlich mutig und gesprächig. Endlich war ich so locker, wie ich es mir immer gewünscht hatte. Kein Wunder, dass das Trinken von da an zu meinem ständigen Begleiter wurde. Auch Michael trank, doch es gab einen Unterschied zwischen uns: Er konnte nach ein paar Gläsern aufhören, ich musste weitertrinken bis zum Filmriss. Erst viele Jahre später lernte ich, dass auch das eine Form von Alkoholismus ist.

Betrunken, wie ich war, hatte ich ins Bett gemacht.

An der Schule war ich nicht der Einzige, der sich veränderte. Da war vor allem Bernd, der sich am letzten Schultag leise in die großen Sommerferien verabschiedete und als ein anderer Mensch zurückkam. Vorher war er ein durchschnittlicher, unauffälliger Schüler, eher klein und fast so schüchtern wie ich früher. Am ersten Schultag kam ein lässiger Typ im schweren Ledermantel und mit

Irokesenschnitt zur Tür herein, den wir nur langsam als unseren Bernd erkannten. In der großen Pause marschierte er das erste Mal in seinem Leben mit in die Raucherecke, und während wir unsere Päckchen »Schwarzen Krausen« öffneten und Zigaretten drehten, griff er in die Weiten seines Mantels, zückte eine selbst geschnitzte Maiskolbenpfeife, stopfte sie gekonnt mit dem Inhalt eines trockenen Teebeutels, zündete das Ganze an und paffte genüsslich. Wir waren völlig von den Socken.

Später stellte sich heraus, dass seine Teebeutel nicht nur Tee enthielten – ein bisschen Hasch war auch dabei –, aber die Tarnung war perfekt. Niemand sagte etwas gegen seine seltsame Art, Tee zu konsumieren. Hausaufgaben machte Bernd von da an keine mehr und es wirkte cool auf mich, wenn er eine Viertelstunde zu spät zur fünften Stunde erschien und lapidar meinte: »Ich hab verschlafen«, obwohl er eine Stunde vorher im Unterricht gesessen hatte.

Mir imponierte dieses Gehabe mächtig. Meine Veränderung war längst nicht so spektakulär wie seine. Ich ließ mir ein Ohrloch stechen und trug einen Ohrring. Mir gefielen lange Haare besser, also ließ ich sie wachsen. Und auch mein Kleidungsstil änderte sich langsam: Wie viele andere steckte ich meine Jeans in eine Schüssel mit Chlorreiniger und bleichte sie so teilweise. Weiß gefleckt war in.

Inzwischen traf ich mich häufiger mit ein paar Kumpels aus dem Fußballverein. »Abhängen« war angesagt. Da traf es sich gut, dass der Vater von einem der Jungs eine kleine Scheune hatte, die wir nutzen konnten. Dort richteten wir unseren Klub ein. Wir wollten so eine Art Rocker sein – aber wir waren wohl eher eine Rockerpersiflage. Also kam eine Fahne her, auf der groß EMT stand, denn das waren wir: die »Enger Met-Trinker«. Wir kauften uns im Army-Shop Bundeswehrjacken und schnitten die Ärmel ab, versahen sie mit EMT-Aufnähern und trugen sie über unseren Lederjacken.

Unsere Leib-und-Magen-Band war *Torfrock*. So fuhren wir mit unseren Mofas übers Land. Da unser Klubhaus immer offen war, traf man sich im Laufe des Abends nach Schule und Ausbildung. Wer zuerst kam, legte eine Musikkassette ein und ließ die Bässe wummern. Dazu tranken wir Bier und waren einfach zusammen. Aber auch hier blieb ich als einziger Gymnasiast in der Runde ein Außenseiter. Damit stand ich genauso am Rand wie in der Schule, wo ich der Einzige in der Klasse war, dessen Bruder im Gefängnis saß. Mein Grundgefühl blieb, dass ich nirgendwo richtig dazugehörte.

Meistens hockten wir einfach so zusammen. Ein- oder zweimal im Monat gab es eine Party und ab und zu fuhren wir als Mofa-Gang zu irgendwelchen Festen in der Umgebung. Die »Scorpions«, mit denen wir auf einem Jahrmarkt zusammenstießen, fanden das nicht lustig. Sie waren richtige Rocker mit echten Motorrädern. Als wir mit unseren Kutten auf Mofas ankamen und neben ihnen parkten, gab es Stress: Wir bezogen Prügel, weil wir das Rocker-Image schädigten, oder einfach, weil sie zu viel getrunken hatten. Von da an verlor das EMT für uns einiges von seinem Glanz.

Mein Grundgefühl blieb, dass ich nirgendwo richtig dazugehörte.

Das Bild der unabhängigen und freien Biker passte damals wunderbar ins Nordfriesland-Feeling. Alles war weit und offen. Man traf sich mit Mopeds auf einem Bauernhof, trank, schlingerte einige Stunden später mit seiner Maschine über Feldwege nach Hause oder holte sie zwischendurch mal wieder aus dem Graben, wenn man die Straße nicht mehr genau getroffen hatte. Das war nicht nur mein Erleben, das war ein Stück weit allgemeines Lebensgefühl in der Region. Rio Reiser feierte gerade seine ersten großen Erfolge. Der »König von Deutschland« wohnte zwei Dörfer weiter, in Fresenhagen, mit den anderen Bandmitgliedern von *Ton*

Steine Scherben auf einem Hof, wo sie Musik machten und Hasch anpflanzten.

In dieser Zeit begann ich, mich für Politik zu interessieren. Friedensbewegt trug ich Sticker wie »Petting statt Pershing«, und obwohl ich ziemlich neben der Spur war, wählte mich meine Klasse in die Schülervertretung. Ich fand das interessant – und nebenbei bekam man ab und zu eine Freistunde, während die anderen im Unterricht sitzen mussten. Doch letztlich zeigte mir auch dieses Engagement, dass ich einfach nicht dazugehörte. Das wurde mir deutlich vor Augen geführt, als wir einmal zu einem Landestreffen der Schülervertreter nach Kiel fuhren. Es war ein wunderschöner Tag und abends nach mehreren Seminaren und politischen Diskussionen meinte einer: »Lasst uns noch eine Pizza essen.« Alle stimmten zu und zogen mit großer Begeisterung in die nächste Pizzeria. Ich nicht, denn ich hatte kein Geld – jedenfalls nicht dafür. So war ich einerseits der Coole, der sich von keinem Lehrer etwas sagen ließ, gehörte andererseits aber nicht richtig dazu.

Außerdem zeigten mir die Seminare in Kiel, dass es den meisten nicht um gesellschaftliche Veränderung oder soziales Engagement ging, sondern oft um Selbstdarstellung, die sie mit hohlen Phrasen untermauerten. Mit Erschrecken merkte ich, dass ich um keinen Deut besser war. Bis dahin hatte ich noch gedacht: »In dieser Welt denkt jeder nur an sich, aber das mache ich nicht mit. Ich werde anders leben.« Nichts tat ich. Ich redete bloß. Und dass ich nicht mit in die Pizzeria ging, lag längst nicht nur an meiner Geldknappheit, sondern eher an meiner Einstellung: Ich verachtete die Kids aus reichen Elternhäusern. Also beendete ich mein politisches Engagement und das in der Schülervertretung.

Nichts tat ich. Ich redete bloß.

Gleichzeitig merkte ich, dass ich auf manche Leute cool wirkte, obwohl ich so kaputt war. Auch Freundinnen fand ich inzwischen problemlos. Meine Besuche im *Starlight* liefen nun anders ab. Immer noch ging ich zuerst in die Flipperecke, doch nur, um zwei oder drei Bier zu trinken. Danach stürmte ich die Tanzfläche und sprach irgendein Mädchen an: »Wie sieht's aus? Tanzen wir?« Und dann ging es los.

Mein neuer Lebensstil kostete natürlich einiges, also brauchte ich Geld. Von zu Hause war nicht viel zu erwarten, deshalb begann ich zu stehlen. Ich ging immer in unterschiedliche Geschäfte, um nicht wiedererkannt zu werden, ließ kurz vor dem Gehen ein oder zwei Stangen Zigaretten in meine Tasche rutschen und war wieder draußen. Diese teuren Filterzigaretten verkaufte ich auf dem Pausenhof, während ich mir meinen »Schwarzen Krausen« selbst drehte.

Irgendwann half ich sogar mit, ein Auto zu klauen. Ich stand Schmiere und schaute, dass wir nicht gesehen wurden. Einer aus unserer Clique verkaufte es und teilte das Geld auf. Als ich später bei einem anderen Diebstahl von der Polizei geschnappt wurde, kam ich vors Jugendgericht. Der Richter redete mir stark ins Gewissen, beließ es aber bei einer Ermahnung. Weil ich wusste, dass ich ein zweites Mal nicht so glimpflich davonkommen würde, ließ ich das Stehlen danach meistens sein.

Eine Frage beschäftigte mich in dieser Zeit immer wieder: Wie könnte ich so cool werden wie Bernd? Ich verhielt mich zwar inzwischen immer unangepasster, aber *mir* machte es etwas aus – Bernd dagegen schien die Ruhe selbst zu sein. Nichts tangierte ihn wirklich. Deshalb war ich wie elektrisiert, als er mich eines Tages fragte: »Kommste heut Abend mit in den *Trichter*?« Ich war begeistert. Das war keine Kreisklasse mehr, sondern die Bundesliga: Dort hingen Studenten ab und hörten Jazzrock. »Da haschen sie«, warnte meine Mutter. Vielleicht wollte ich gerade deswegen mitgehen. Zum Glück fuhr ein Junge aus dem Nachbardorf auch dorthin. Kai kam abends mit seinem Mofa vorbei, ich schwang mich auf mein Fahrrad und hängte mich an ihn dran. So waren wir einige Male unterwegs.

Eines Nachts standen wir um halb zwei auf der Straße, weil der *Trichter* gerade geschlossen hatte. »Was machen wir mit dem angebrochenen Nachmittag?«, witzelte Bernd. »Ich will auch noch nicht nach Hause«, meinte ich. »Dann kommt doch mit zu mir. Wir machen noch was«, kündigte Kai an und das taten wir. In seinem Zimmer entspannten wir uns erst einmal. Wir fläzten uns auf die ausgelegten Polster, hörten Musik und redeten über den Tag. Dann ging Kai mit Verschwörermiene an seine Nachttischschublade und holte ein in Alufolie eingewickeltes Klümpchen heraus. Das musste Hasch sein. »Haste schon mal …?«, fragte er mich. »Nee.« »Willste?« Mir ging all das Schlimme durch den Kopf, was ich über Rauschgift gehört hatte, aber ich konnte jetzt unmöglich kneifen, also antwortete ich so cool wie möglich: »Klar.«

Die beiden Profis bereiteten den Joint vor, rauchten und reichten ihn weiter. Als ich an der Reihe war, verschluckte ich mich und musste fürchterlich husten. »Das ist ganz normal für den Anfang«, tröstete mich Kai, »das kommt schon.« Während die beiden anderen nach kurzer Zeit mit entrücktem Grinsen dasaßen, wurde mir nur schlecht. Meine erste Erfahrung mit dem Kiffen war nichts Besonderes, doch ich fühlte mich unter Druck: Da musste mehr möglich sein. Also ließ ich keine Gelegenheit aus, es zu probieren. Ein großes High erlebte ich zwar nie, aber schließlich rutschte ich auch immer häufiger in einen wohligen »Scheißegal-Zustand«.

Mir ging all das Schlimme durch den Kopf, was ich über Rauschgift gehört hatte, aber ich konnte jetzt unmöglich kneifen.

Da ich schon morgens auf dem Schulweg kiffte, um den Tag besser zu überstehen, bekam ich vieles gar nicht richtig mit. Oft trug ich auch eine Flasche billigen Schnaps in der Schultasche mit herum. Ich ließ sie in den Pausen kreisen, achtete jedoch peinlich darauf, dass das meiste bei mir blieb. Obwohl ich noch weiß, dass ich das damals tat, fehlte mir an vielen dieser Tage schon direkt danach jede Erinnerung. Es ist symptomatisch, dass ich so viel von meinen Aktionen neben der Schule erzähle. Ich saß zwar noch oft auf meinem Platz im Klassenzimmer, aber der ganze Betrieb spielte für mich eigentlich keine Rolle mehr. Jeweils zum Schuljahresende ließ ich etwas Engagement erkennen, um wenigstens die Hürde in die nächste Klasse zu nehmen. Das ging nicht lange gut.

Das Ende erschien mir in Gestalt meines Physiklehrers, der mich auf dem Gang vor dem Lehrerzimmer kurz anhielt. »Uwe, gut, dass ich dich hier treffe. Hast du einen Moment Zeit?« Ich wusste, dass meine Sechs in Latein in Stein gemeißelt war, aber die Physiknote sollte eigentlich gerade noch passen. Herr Breuer lächelte mich seltsam an und gab mir die Hand – mit einem sehr weichen, feuchten Händedruck. Es fühlte sich an, als hätte ich einen Fisch gedrückt. Dann legte er noch die zweite Hand darauf, umschloss meine und sagte: »Weißt du, mein Großer, ich glaube, für dich ist es besser, wenn du etwas Praktisches machst.«

»Damit ist deine Schullaufbahn hier bei uns zu Ende.«

Ich schaute ihn verständnislos an und versuchte unauffällig, etwas Abstand zu gewinnen. Was genau meinte er damit? »Ich könnte dir natürlich eine Vier geben, weil du genau auf 4,5 stehst, aber ich habe mich dafür entschieden, dir die Fünf zu geben. Damit ist deine Schullaufbahn hier bei uns zu Ende.«

Das sagte er so unbeteiligt, als ob er noch einmal unterstreichen wollte, dass die Uferschwalbe Vogel des Jahres geworden war. Mir fehlten die Worte. Ich war so geschockt, dass ich nicht wusste, was ich antworten sollte. Warum tat er das? Als ich etwas später wieder zu mir kam, fragte ich mich, warum ich ihn nicht angespuckt oder wenigstens angeschrien hatte, aber ich hatte nichts dergleichen getan. Herr Breuer hatte mir noch einmal kurz die Hand getätschelt, mir zugenickt und war gegangen.

Ich war in der siebten und der neunten Klasse bereits sitzen geblieben; zweimal pro Stufe durfte man maximal eine Ehrenrunde drehen. Nach der zehnten Klasse wäre ich in die Oberstufe gekommen und bisher hatte mein Plan folgendermaßen ausgesehen: Ich würde mein Sechser-Fach Latein abwählen und natürlich Physik. In den restlichen Fächern hatte ich einen Schnitt von 2,5, und reden konnte ich sowieso gut. Doch nun explodierten all meine Ideen und Pläne vor meinen Augen und lösten sich in nichts auf. Ich durfte nicht im Gymnasium bleiben. Es war so unfair!

Nicht mit und nicht ohne

Nur wer sich selbst liebt, kann andere lieben.
Wer nur sich selbst liebt, liebt andere nicht.

Schule war für mich also Vergangenheit. Dieser Schock saß tief, allerdings konnte ich nicht dabei stehen bleiben, mich und meine Situation zu bedauern. Irgendwie musste es ja weitergehen. Während die anderen aus meinem Jahrgang ihre Sommerferien genossen, machte ich mich auf die Suche nach einem Praktikumsplatz, denn die Lehrstellen für den kommenden Herbst waren natürlich längst vergeben. Handwerklich bin ich nicht besonders geschickt, es war also klar, dass ich nicht zu einem Schreiner oder Schlosser gehen würde, aber ich fand einen Platz im Kindergarten. Ein Bekannter malte mir den Job in rosigen Farben aus: »Hey, da musst du nur einen halben Tag arbeiten und schwer ist es auch nicht. Außerdem bekommst du BAföG. Probier's doch mal.« Das kam mir sehr entgegen, denn ich musste mich zwar um eine Arbeit beziehungsweise Ausbildung kümmern, den Aufwand wollte ich jedoch so klein wie möglich halten.

All das tat ich, obwohl ich als Suchtkranker völlig in den Seilen hing.

So bewarb ich mich für ein Vorpraktikum im Kindergarten, um danach eine Ausbildung als Erzieher zu beginnen. All das tat ich, obwohl ich als Suchtkranker völlig in den Seilen hing. Eigentlich stellte meine Mitarbeit eine Zumutung für die Erzieherinnen dar und es war unverantwortlich, mich in meinem Vorpraktikum auf die Kinder loszulassen, aber das erzählte ich ihnen natürlich nicht und so bekam ich die Stelle tatsächlich.

Es ist sehr unwahrscheinlich, dass ich die Kinder, mit denen ich damals zu tun hatte, positiv prägen konnte, aber bei mir selbst kam in dieser Zeit etwas in Gang. Sollte mein Physiklehrer recht gehabt haben? Mein Rauswurf aus der Schule war weder motivierend noch fair gewesen (fand ich …), doch wer weiß, wo ich ohne diesen Schubs gelandet wäre? Ich sah die Kinder, mit denen ich bei der Arbeit zu tun hatte, mit anderen Augen, entdeckte, dass sie besondere Menschen waren, und verbrachte gern meine Zeit mit ihnen. Langsam merkte ich: Ich war hier gar nicht so verkehrt. Die Kinder waren gern mit mir zusammen und ich auch mit ihnen. Ich konnte etwas. Das war eine völlig neue Erfahrung.

Ein Wunder am Rande war, dass ich 1983 überhaupt zur Erzieherausbildung zugelassen wurde, denn dafür brauchte ich die Mittlere Reife. De facto hatte ich nur einen Hauptschulabschluss, weil ich die zehnte Klasse nicht erfolgreich abgeschlossen hatte. Es gab damals in Schleswig-Holstein jedoch die Möglichkeit, meine Sechs in Latein aus dem Zeugnis herausrechnen zu lassen – sie war schließlich für einen Realschulabschluss nicht relevant. So wurde aus meinem Sitzenbleiber- ein Abgangszeugnis der zehnten Klasse und ich hatte meinen Schulabschluss.

Zu Beginn des Praktikums zog ich nach Niebüll. Dort war die Erzieherfachschule und es lag auch näher am Kindergarten, der ein paar Dörfer entfernt war. Außerdem hatten sich die Spannungen zu Hause immer weiter aufgetürmt, sodass es für mich an der Zeit war, zu gehen. Weil ich mehrmals sitzen geblieben war, war ich nach der zehnten Klasse fast neunzehn, daher gab es dabei keine Schwierigkeiten.

Die Eltern hatten für uns Kinder jeweils einen Sparvertrag abgeschlossen, der uns beim Erreichen der Volljährigkeit zugeteilt wurde. Das Geld machte mich nicht reich, aber ich konnte meinen Führerschein davon bezahlen. Dann kaufte ich über meinen Bruder, der bei einer Tankstelle arbeitete, einen uralten Renault 4 – Rost auf Rädern – und hatte sogar noch etwas Startkapital übrig. Weil es mir wichtig war, unabhängig zu sein, zog ich zuerst in eine kleine Wohnung, später wechselte ich dann in eine WG.

Im Vorpraktikum machte ich durchgehend gute Erfahrungen, deshalb blieb ich bei meinem Plan, die Erzieherfachschule zu besuchen. Auch hier erlebte ich, dass ich gut mitkam, mehr noch: dass mir die Inhalte Spaß machten. Psychologie und Sozialpädagogik lagen mir wesentlich mehr als Latein und Physik.

Der Umgang mit den Kindern im Kindergarten rührte etwas in mir an. Ich spürte, dass ich nicht einfach Kinder vor mir hatte, sondern Persönlichkeiten. Das warf bei mir selbst Fragen auf. Ich begann, mein Leben zu hinterfragen. Warum war ich der, der ich war? War das, was ich lebte, das, was ich sein könnte? Die Frage nach Gott wuchs damals ganz zart in mir auf, es war das erste Mal, dass ich mir bewusst solche Gedanken machte. So entstand eine Sehnsucht nach Leben und Normalität. Ich war begeistert, wenn Kinder zu mir kamen und ich mit ihnen toben und spielen konnte. Als 1,92 Meter großer Mann war ich gerade für die Jungs ein wunderbares Gegenüber. Und trotzdem bekam ich mein Vorpraktikum mehr schlecht als recht auf die Reihe – oft ließ ich die Kinder alleine und stellte mich für eine Raucherpause

Der Umgang mit den Kindern im Kindergarten rührte etwas in mir an.

vor die Tür oder ich blieb gleich ganz zu Hause, weil ich vom Vorabend noch verkatert war.

Besonders intensiv erlebte ich die Begegnungen mit Jugendlichen mit Behinderung. Im Kindergarten gab es keine Kinder mit Einschränkungen – das war damals nicht üblich. Im benachbarten Dänemark war man wesentlich offener und toleranter. Dort waren Menschen mit Einschränkung selbstverständlicher Teil der Gesellschaft und man traf regelmäßig Menschen mit Downsyndrom oder einer anderen Behinderung an der Supermarktkasse. In Deutschland war das undenkbar.

Damit ich in meiner Ausbildung trotzdem verschiedene Gruppen kennenlernen konnte, gab es die Möglichkeit, ein Praktikum bei der Lebenshilfe zu absolvieren. Einmal wöchentlich wurde dort ein Jugendklub angeboten, bei dem ich mitarbeitete. Ich liebte diese jungen Leute in ihrer Unmittelbarkeit und Ehrlichkeit. Ich merkte, dass sie etwas hatten, was mir fehlte: Leben. Ich war verschlossen und kam weder mit mir noch mit dem Rest der Welt zurecht, und diese Jugendlichen waren glücklich. Wenn ich hier war, blühte ich auf: Es wurde gebacken, getanzt, gebastelt und gelacht. Inmitten dieser wunderbaren Menschen, die nach ihrem Arbeitstag in Einrichtungen und Werkstätten in diesem Klub zusammenkamen, fühlte ich mich oft wie der Behinderte.

Ein Nachteil von Praktikum und Ausbildung war jedoch, dass mein Geld hinten und vorne nicht reichte. Für Wohnen und Essen hätte ich genug gehabt, sogar das Auto konnte ich mit meinem BAföG halten, aber Alkohol und Drogen kosteten eine ganze Stange Geld. So war mein Finanzbedarf viel größer als mein Einkommen.

Damals lernte ich Ingrid kennen. Ingrid kiffte regelmäßig, aber sie musste ihren Stoff nicht teuer kaufen, sondern baute ihn selbst an. »Mach das doch auch«, schlug sie mir vor. Ich schüttelte den

Kopf. Wo sollte ich eine ausreichende Menge an Cannabispflanzen unterbringen? Außerdem hatte ich nicht gerade einen »grünen Daumen«. Ganz Geschäftsfrau schlug sie vor: »Dann habe ich eine andere Idee. Wenn du etwas für mich verkaufst, dann bekommst du einen Anteil davon. Das Geld landet bei mir und du erhältst dein Gras umsonst. Okay?« Ich war einverstanden.

Meistens rauchte und trank ich, aber immer, wenn ich kiffen wollte, tauchte ich bei Ingrid auf, holte etwas Marihuana und verkaufte es für sie. Interessenten kannte ich genug. Trotzdem wuchs in dieser Zeit mein Schuldenberg. Bei fast allen Freunden, Bekannten und Verwandten hatte ich schon gefragt: »Kannst du mir mal einen Fünfziger leihen? Ich bin gerade knapp bei Kasse, ich zahl's dir zurück, sobald es geht.« Es ging praktisch nie. Einige schrieben ihr Geld einfach ab und gingen mir von da an aus dem Weg. Anderen wäre ich gern aus dem Weg gegangen, aber ich traf sie zufällig auf der Straße oder in einer Kneipe oder Disco wieder. »He, Uwe, du schuldest mir noch Geld«, hieß es dann. Das war sehr stressig und ich war ständig damit beschäftigt, Leuten aus dem Weg zu gehen oder mir Ausreden einfallen zu lassen. Einige Male kamen auch zwei oder drei Kerle mit Lederjacken auf mich zu und wollten sofort Bares sehen – das gab richtig Ärger.

Ich war ständig damit beschäftigt, Leuten aus dem Weg zu gehen oder mir Ausreden einfallen zu lassen.

Immer noch war Alkohol mein Mutmacher. Wenn ich etwas getrunken hatte, war ich sofort gut drauf und kam locker und leicht mit Mädchen ins Gespräch, an die ich mich sonst nicht herangetraut hätte. Es blieb allerdings selten bei »etwas« Alkohol.

Auf einer Fete lernte ich ein Mädchen kennen. Die Stimmung war ausgelassen und fröhlich und es gab genug Bier für alle. Ich tanzte einige Male mit Silke und wir kamen uns immer näher.

Schließlich gab es nur noch uns. Ich fragte sie, ob sie mit zu mir kommen würde. Überraschenderweise antwortete sie: »Weißt du was? Ich finde dich wirklich süß. Aber so besoffen, wie du bist, kann ich nichts mit dir anfangen. Hier ist meine Telefonnummer, meld dich mal, wenn du wieder nüchtern bist.« Im ersten Moment war ich in meiner Männerehre getroffen. Wie konnte sie nur! Ich hatte doch höchstens zehn Bier getrunken …

Da ich sie sehr nett fand, überwand ich mich und rief schon am nächsten Tag bei ihr an – nüchtern natürlich. Und dann besuchte ich sie.

Ich war so nervös wie selten. Mit Alkohol im Blut zu flirten, war das eine, ohne diese Unterstützung fühlte ich mich hilflos. Was würde passieren, wenn Silke mich nicht mochte? Irgendwann nahm ich allen Mut zusammen und fragte sie: »Willst du mit mir gehen?« »Ja«, antwortete sie schlicht, lächelte mich an und gab mir einen Kuss. Wir unternahmen viel gemeinsam und lasen dieselben Bücher, Wolfgang Borchert war bei uns hoch im Kurs. Beide interessierten wir uns für die Friedensbewegung. Silkes Drang, etwas Gutes zu tun, führte dazu, dass sie nach ihrer Mittleren Reife eine Ausbildung als Krankenschwester begann. Auch meine Eltern freuten sich über diese Beziehung, die mir sichtlich guttat – sie mochten Silke. Während ich mit ihr zusammen war, spielte Alkohol fast keine Rolle, und ich trank wesentlich weniger als vorher.

»Willst du mit mir gehen?«

Nach einem halben Jahr schmiedeten wir sogar Pläne, uns zu verloben, doch es kam nicht dazu. Immer häufiger stritten wir. Mehrfach machten wir Schluss, aber eigentlich hatten wir nur uns. Silke hatte einen Großteil ihrer Freunde aufgegeben und ich traf mich nicht einmal mehr mit Michael – Fußball spielte ich schon lange nicht mehr. So konnten wir nicht ohneeinander auskommen und miteinander ging es auch nicht.

Als sie einmal für drei Wochen in Österreich Urlaub machte, beging ich den größten Treuebruch: Ich ging fremd. Mir war langweilig, ich besuchte eine Party und trank. Schließlich ging ich mit einem anderen Mädchen nach Hause. Noch kurz vorher hatte ich behauptet: »Mir passiert so etwas nicht. Mir nicht.« Und jetzt hatte ich völlig die Kontrolle über mich verloren. Das Ende unserer Beziehung kam jedoch erst, als ich Silke, nicht ganz nüchtern, halb im Spaß und halb im Ernst, schubste und stieß. Sie stürzte gegen die Wand und erlitt eine leichte Gehirnerschütterung.

Für uns beide brach eine Welt zusammen und ich stürzte völlig ab.

Silke zog den Schlussstrich und es war klar, dass dies endgültig war. Für uns beide brach eine Welt zusammen und ich stürzte völlig ab. Ich wollte mir die Pulsadern aufschneiden, aber mit meinem stumpfen Taschenmesser verfehlte ich die Schlagader. So lief ich stundenlang blutend in der Stadt herum, doch eigentlich hatte ich nur einen Kratzer abbekommen. Und an Liebeskummer stirbt man nicht.

Gott hört Gebet

> Ein Gott, an den ich glauben müsste, wäre kein Gott, an den ich glauben wollte.

Glaube oder Kirche hatten bisher in meinem Leben keine Rolle gespielt. Natürlich war ich konfirmiert worden, aber da ging es mir um die Geschenke und nicht um Gott. Daran änderte sich auch in der nächsten Zeit nichts, denn mein Leben drehte sich wieder komplett um mich und meine Süchte.

Einige Zeit später begegnete ich auf der Straße zufällig einer ehemaligen Klassenkameradin. In der Schule hatte ich Tina immer ausgelacht, weil sie einen roten Anstecker hatte, auf dem dick stand: »Jesus lebt!« Doch das trug sie mir nicht nach. Stattdessen wollte sie wissen: »Was machst du denn jetzt und wie geht es dir so – gut siehst du nicht aus …« Es war die richtige Frage zur richtigen Zeit. In diesem Moment brach alles aus mir heraus und es tat mir einfach gut, mich einmal auszusprechen. Tina hörte mir geduldig zu, sie verurteilte mich nicht und lud mich in einen Jugendkreis ihrer freikirchlichen Gemeinde nach Flensburg ein.

Ich wusste zwar nicht, worauf ich mich da einließ – es hörte sich für mich sehr nach Sekte an –, aber ich war so einsam, dass ich mitging.

Im Kreis der jungen Menschen fühlte ich mich sofort wohl. Sie strahlten eine Wärme und Herzlichkeit aus, die mir fremd war. Niemand verlor ein Wort darüber, dass ich regelmäßig als Einziger aufstand, um draußen vor der Tür eine zu rauchen, sechs- oder siebenmal während einer guten Stunde. Als Liederbücher herumgegeben wurden und alle singen wollten, brummte ich erst einmal nur leise mit, aber meine Stimme störte niemanden, also wurde ich irgendwann mutiger. Manfred, der Pastor, wirkte überhaupt nicht, wie ich mir einen Pastor vorstellte: Er war weder abgehoben noch weltfremd, stattdessen diskutierte er mit uns allen im wahrsten Sinne über Gott und die Welt. Schnell beteiligte ich mich an diesen Diskussionen – reden konnte ich ja! –, aber ich fand es schon seltsam, dass er auf viele meiner vehement vorgetragenen Argumente mit Gedanken aus der Bibel antwortete. So etwas kannte ich bis dahin nicht.

Besonders fremd kam mir das anschließende Gebet vor. Das war kein Vaterunser oder ein auswendig gelerntes Gedicht, sondern jeder, der wollte, sprach einfach so mit Gott, als ob der im Raum wäre. Danach saßen alle noch zusammen, tranken Tee, knabberten Kekse und sprachen miteinander. Niemand war aufdringlich und vom ersten Abend an waren meine Unterhaltungen wesentlich tiefer als im *Starlight* oder im *Trichter*.

Die Gesellschaft dieser jungen Leute tat mir gut, hier musste ich nicht den starken Mann spielen und wurde akzeptiert, wie ich war. Gott schien mir immer noch sehr weit weg, aber ich konnte ja einmal versuchen, nach seiner Meinung zu fragen. Manfred bestärkte mich: »Du kannst einfach beten – und Gott wird antworten.« Eine Frage, die mich damals beschäftigte, war die nach der Wehrpflicht. Sollte ich zur Bundeswehr gehen oder den Wehrdienst

Gott schien mir immer noch sehr weit weg, aber ich konnte ja einmal versuchen, nach seiner Meinung zu fragen.

verweigern? Zu Hause kniete ich mich hin und betete: »Gott, wenn es dich gibt, dann beantworte mir bitte meine Frage. Soll ich zur Bundeswehr gehen oder nicht?«

Jetzt würde es sich herausstellen, ob Beten eine Art meditative Übung war oder ob Gott reagieren würde. Ich schaute gespannt nach oben. Nichts geschah. Alles blieb still. Da fiel mir ein, dass Manfred gesagt hatte: »Gott spricht oft durch sein Wort, die Bibel.« Also nahm ich meine alte Konfirmationsbibel zur Hand. Wahllos schlug ich sie auf und stieß im Matthäusevangelium auf Kapitel 5, Vers 9: »Selig sind, die Frieden stiften …« Ich schluckte. Das nahm mir zwar die Entscheidung nicht ab, traf aber mitten ins Thema. Das konnte doch kein Zufall sein, oder? Hatte Gott tatsächlich geredet?

Schritt für Schritt änderte sich mein Leben. Ich trank nicht mehr. Tina und ich wurden ein Paar. Weil für sie Sex in die Ehe gehörte, schliefen wir nicht miteinander, stattdessen redeten wir viel. Allerdings zeigte sich bald, wie dünn die christliche Decke war, mit der ich mich jetzt zudecken wollte: Immer noch war ich sehr fordernd, nur dass ich jetzt von den Christen und natürlich auch von Tina das forderte, was mir scheinbar zustand: Offenheit, Verständnis, Geduld. Den Jugendkreis besuchten wir regelmäßig, in den Gottesdienst ging ich ab und zu und die Bibel las ich eigentlich nie – sie war mir zu langweilig. Dafür fühlte ich mich in den Diskussionen der Jugendgruppe sehr zu Hause. Mit wenig Wissen und abstrusen Argumenten versuchte ich, die anderen von meiner Meinung zu überzeugen. Manfred als Pastor ließ mir viel Freiraum, aber immer wieder hatte er mit seinen Argumenten das letzte Wort. Das störte mein rechthaberisches Wesen empfindlich.

Hatte Gott tatsächlich geredet?

So gab es vieles, was einfach beim Alten blieb: Nach wie vor rauchte ich sehr viel, verbrachte viele Abende im *Trichter* und blieb faul und unzuverlässig.

Zusammen mit Tina, ihrer Schwester und deren Freund Sven besuchte ich auch einen Hauskreis. Mit Sven freundete ich mich schnell an, denn er lebte sein Christsein so ähnlich wie ich und war mehr im *Trichter* zu Hause als in der Gemeinde. Regelmäßig trafen wir uns mit Michael und spielten Skat miteinander, und falls zweien von uns der dritte Mann fehlte, zogen wir ins benachbarte Freizeit-Center. In dieser Spielhalle war meistens jemand, der mitmachte, ansonsten flipperten wir, spielten Billard oder tranken eine Tasse Kaffee, die dort nur eine Mark kostete.

Weil ich inzwischen mein Vorpraktikum absolviert hatte und jetzt regelmäßig die Erzieherfachschule besuchte, die schon am frühen Nachmittag endete, hatte ich mehr Zeit als früher. Der Unterricht bestand hauptsächlich aus dem, was man gerne »Laberfächer« nennt. Die fielen mir leicht, also schwänzte ich oft und verbrachte meine Mittage stattdessen im Freizeit-Center. Das Leben war für mich so entspannt wie schon lange nicht mehr. Ich hatte sogar einen Job im Bahnhofskiosk gefunden, um mir etwas dazuzuverdienen. Doch an Silvester kam es zum großen Knall. Ich feierte bei meinen Eltern, Tina in der Jugendgruppe. Als sie mich am nächsten Tag anrief, meinte sie: »Uwe, ich mache Schluss.« Ich war entsetzt. »Wieso das denn?« »Ich habe jemand anderen kennengelernt.«

An Silvester kam es zum großen Knall.

Wieder fiel eine Welt für mich zusammen. Das ertrug ich nicht. Ich brach meine Kontakte zu den meisten Christen ab und verkroch mich in meiner Bude. Zunächst einmal trank ich nichts. Saufen? Aus Frust? Und dann noch wegen eines Mädchens? Dafür war ich zu stolz.

Stattdessen saß ich inzwischen täglich im Freizeit-Center. Mal trank ich nur einen Kaffee, aber oft wartete ich mit Michael auf einen dritten Mann, um Skat zu spielen. An einem Tag saß ein

Typ, den ich vom Fußball kannte und der ab und zu mitspielte, an einem Automaten und zockte. Ich lachte ihn aus. »Wie kann man nur?« Als die Walzen sich drehten und er versuchte, drei gleiche Symbole zu erreichen, spornten wir ihn an. »Jetzt musst du drücken.« »Nein, jetzt.« Und schließlich behaupteten wir: »Schade, dass du nicht auf uns gehört hast, sonst hättest du gewonnen.«

Ärgerlich verließ er das Freizeit-Center und Michael und ich hatten immer noch keinen dritten Mann für den Skat. So setzten wir uns nun an die Automaten. »Jeder fünf Mark – dann ist Schluss.« Wir verloren. Und steckten den nächsten Fünfer in den Kasten. Das Geld war so erschreckend schnell verbraucht, dass ich es unbedingt zurückgewinnen wollte. Ich holte Nachschub aus der Wohnung und wir legten richtig los. Erst verloren wir, dann liefen uns Freispiele und ein fetter Gewinn ein. Wir bejubelten unsere Glückssträhne, doch konnten wir sie nicht fortsetzen, weil die Spielhalle schloss. Wir waren sauer – und gierig. »Morgen«, versicherten wir uns, »morgen holen wir uns den Rest.«

Sobald die Spielhalle öffnete, saßen wir vor unserem Automaten und wollten ihn leeren. Die Schule konnte heute warten. Aber in kürzester Zeit hatte jeder von uns hundert Mark verspielt. Michael ärgerte sich und ließ das Spielen. Ich ärgerte mich auch, aber auf mich hatte der Automat eine völlig andere Wirkung. Es ging mir so wie damals nach meinem ersten Apfelkorn: Er schmeckte mir nicht, und trotzdem kam ich nicht mehr davon los. Das Spielen zog mich in den Bann und verwandelte mich. Mein Frust über die Trennung von Tina war wie weggeblasen, solange sich die Walzen drehten. Ich war nur noch auf die Maschine fixiert.

Das Spielen zog mich in den Bann und verwandelte mich.

Bereits nach kürzester Zeit konnte ich nicht mehr damit aufhören. Bis zu sechzehn Stunden am Tag verbrachte ich in der Spielhalle. Wenn wieder ein Fünfer verspielt war, dann war das nicht mein Fehler oder ein Zufall, sondern der Automat hatte mich besiegt, und das wollte ich mir nicht bieten lassen. »Das wäre doch gelacht«, dachte ich, spielte weiter und verlor immer wieder. Wenn ich in einem kurzen klaren Moment den Weg auf die Straße schaffte, dann bog ich bei der nächsten Spielhalle wieder ein und zockte dort weiter. Alles Geld, das ich irgendwo auftreiben konnte, wanderte in die Glücksspielautomaten. Zu Hause zu bleiben, war auch keine Lösung, denn dort bekam ich Schweißausbrüche und Panikattacken. Nach ein paar Wochen begann ich auch wieder zu trinken, nahm Kontakt zu Ingrid auf, um Drogen zu verticken, und fing selbst wieder an zu kiffen. Während ich vor den Automaten saß, rauchte ich ununterbrochen, oft waren es sechs Schachteln Zigaretten am Tag.

Die ganze Zeit über verstand ich mich als Christ. Besonders dann, wenn ich betrunken war, führte ich auch Gespräche über den Glauben, denn dann wurde ich ja mutig. Bevor ich mit zitternden Fingern den nächsten Fünfer in den Automaten einwarf, erklärte ich anderen Spielern: »Gott lebt, er macht mich frei! Ich habe sogar mal ein ganzes Jahr nichts getrunken.«

Eine Weile konnte ich mir mit irgendwelchen Tricks Geld besorgen. So kaufte ich einmal billig ein Auto. Mit dem Fahrzeugbrief als Sicherheit ging ich anschließend zur Bank und beantragte einen Kredit. Danach verkaufte ich das Auto wieder und behauptete: »Den Brief habe ich verloren.« So hatte ich zweimal Geld erhalten und setzte es direkt am Spielautomaten um und mein Schuldenberg war schon wieder um fünftausend Mark gestiegen.

In unserer WG war ich für die Kasse zuständig. Jeder von uns zahlte seinen Anteil ein und ich brachte dem Vermieter die gesamte Summe als Miete. Das war jedenfalls die Idee. Doch mit dem Baren in der Tasche ging ich »nur auf einen Kaffee« in das Freizeit-

Center, und als ich drei Stunden später wieder auf der Straße stand, steckte unsere Miete im Automaten. Immer wieder zweigte ich das Geld für mich ab, verspielte und vertrank es. Nach sechs Monaten stand plötzlich der Vermieter vor der Tür unserer WG. »Leute«, sagte er in die Runde, »so läuft das nicht. Ihr müsst eure Miete bezahlen. Jetzt hab ich schon ein halbes Jahr lang kein Geld mehr gesehen – so geht es nicht weiter.« Die anderen schauten entsetzt auf den Vermieter und dann wütend auf mich. Natürlich musste ich raus mit der Sprache. Da ich das Geld ausgegeben hatte, war ihre einzige Möglichkeit, die Schulden zu bezahlen und mich aus der WG zu werfen. Mit Ach und Krach kam ich um eine Anzeige herum.

> Doch mit dem Baren in der Tasche ging ich »nur auf einen Kaffee« in das Freizeit-Center, und als ich drei Stunden später wieder auf der Straße stand, steckte unsere Miete im Automaten.

Selbstverständlich war dieses Verhalten völlig inakzeptabel, aber als Süchtiger drehte sich mein gesamtes Denken darum, Geld fürs nächste Spiel zu bekommen. Alle moralischen Bedenken blendete ich aus. Nach meinem Rauswurf aus der WG übernachtete ich bei einer Freundin. Sie merkte, dass es mir nicht gut ging, und fragte mich: »Was ist denn eigentlich los?« »Mir ist was ganz Blödes passiert, ich hab Mist gebaut«, erklärte ich und erzählte ihr die Geschichte mit dem unterschlagenen Geld. Sie wollte mir wirklich helfen, also hob sie ihr Erspartes ab, gab mir die gesamte Summe, die ich dem Vermieter schuldete – und ich lief damit am nächsten Tag schnurstracks in die nächste Spielhalle. Ich kam erst wieder heraus, als nichts mehr davon übrig war.

Ihr erzählte ich natürlich, dass ich die Mietschulden bezahlt hätte, dass jetzt wieder alles in Ordnung und ich ihr unwahrscheinlich dankbar sei. Ich konnte ihr dabei sogar in die Augen sehen.

Inzwischen lief meine Ausbildung auch nicht mehr gut, ich erschien kaum noch zum Unterricht. Einer meiner Lehrer meinte damals: »So jemanden wie dich habe ich noch nicht erlebt. Entweder schreibst du Einsen und Zweien oder du bekommst eine Sechs nach der anderen, weil du im Unterricht fehlst. Die Arbeiten schreibst du auch nicht mit. Was soll ich denn mit dir anfangen?«

Ich erklärte ihm, dass ich Probleme mit dem Spielen und dem Alkohol hätte, und er empfahl mir, eine Suchtberatung aufzusuchen. Das tat ich auch und erhielt tatsächlich die Möglichkeit, das zweite Jahr der Ausbildung zu wiederholen. Trotz meiner katastrophalen Leistungen und der Fehlzeiten musste ich die Schule nicht verlassen, sondern bekam eine zweite Chance. Leider nutzte ich sie nicht. Es wurde sogar noch schlimmer. Nach ein paar Wochen ging ich überhaupt nicht mehr in die Erzieherfachschule.

Mein Lebensstil hatte Auswirkungen: Auch körperlich ging es mir schlecht. Eine Perspektive für mein Leben hatte ich schon lange nicht mehr, aber dann – ich kann es nicht anders sagen – griff der Himmel ein. Wieder einmal kam ich betrunken und pleite aus der Spielhalle nach Hause. Ich wohnte inzwischen in einem anderen Zimmer, das ich über Bekannte gefunden hatte. Mein Kopf war allerdings klar genug, um zu bemerken, dass ich bereits Anfang Dezember alles Geld verspielt hatte, das ich für die nächsten Wochen, für Weihnachten und einfach zum Leben benötigte.

Eine Perspektive für mein Leben hatte ich schon lange nicht mehr.

Ich ertrank in meiner eigenen Verzweiflung. »Das war's«, sagte ich mir selbst, »dieses Leben halte ich keinen weiteren Tag aus.« Ich fasste einen Plan, wie ich mich umbringen wollte: Um mir Mut anzutrinken, holte ich eine Flasche Whisky aus dem Schrank. Doch dann geschah es: Eine innere Stimme sagte laut und klar vernehmbar: »Wenn du das jetzt machst, stehst du vor Gott. Und so wie du gelebt hast, kannst du vor ihm nicht bestehen.« Betrunken, wie ich war, kniete ich mich vor mein Bett nieder und stammelte ein Gebet: »Gott, wenn es dich wirklich gibt, dann hilf mir, du bist meine letzte Chance.« So schlief ich ein. Ich weiß nicht mehr, ob ich diese Worte nur sagen wollte oder tatsächlich aussprach, aber auch wenn sie sicher eher gelallt als gesprochen oder vielleicht auch nur gedacht waren, kamen sie bei Gott an.

Wendepunkte

> Wie könnte der Schöpfer der Welt auf mich angewiesen sein? Und wie könnte der Schöpfer der Menschen auf mich verzichten wollen?

Am nächsten Morgen klingelte es an meiner Tür. Ich schälte mich mit Kopfschmerzen aus dem Bett. Wer konnte das sein? Wollte jemand Geld von mir? Vor der Tür befand sich Sven, den ich aus der Schule und vor allem dem Jugendkreis kannte. Und er kam nicht allein. Neben ihm stand Britta, eine ehemalige Mitschülerin von uns, die jetzt in Berlin in einer christlichen Therapieeinrichtung arbeitete. Die beiden hatten sich zum Beten getroffen, er hatte ihr von meinen Problemen erzählt und sie hatten den Eindruck gehabt, dass sie mich besuchen sollten, um mir von dieser Einrichtung zu berichten. Es wäre eine Chance für mich und ich könnte mich dort bewerben.

Mich traf es wie ein Blitz. Mir war sofort klar, dass sie nicht zufällig kamen.

Mich traf es wie ein Blitz. Mir war sofort klar, dass sie nicht zufällig kamen. Ich hatte gebetet und Gott hatte gehört. Das war seine Antwort. Wir setzten uns zusammen und ich erzählte den beiden vom Abend vorher und von meinen Suizidgedanken. Erst erschraken sie, aber dann waren sie begeistert, als sie sahen, was

Gott daraus gemacht hatte. Sie luden mich ein, zu einem Seelsorger der Gemeinde zu gehen, um dort mein Leben mit Gott in Ordnung zu bringen. »Lebensübergabe« nannten sie es.

Ich rief bei dem Seelsorger an. Er hieß Claus, war sehr freundlich und hatte viel Verständnis für meine Lage. Gern wollte er sich mit mir treffen, das einzige Problem war, dass er am nächsten Tag mit seiner Frau in Urlaub fuhr. Ich musste also zwei Wochen überbrücken, bevor ich einen Termin bei ihm bekam.

In dieser Zeit geschah bereits einiges. So oft wie möglich verbrachte ich meine Zeit in der Gemeinde, um nicht permanent in Versuchung zu kommen. Trotzdem spielte ich weiter. Manchmal redete ich mir ein, dass der Kaffee im Freizeit-Center unschlagbar günstig wäre und ich ja gar nicht spielen wollte. Manchmal ging ich direkt nach der Bibelstunde in die Spielhalle. In jedem Fall saß ich wieder vor meinen Automaten beim Zocken. Das Geld dafür schnorrte oder stahl ich mir zusammen. Natürlich fühlte es sich falsch an, doch ich war es so gewohnt. Keine Frage: Ich war gebunden und wusste es, aber ich kam nicht heraus.

Zugleich unternahm ich erste konkrete Schritte: Ich erkundigte mich bei verschiedenen christlichen Therapieeinrichtungen, die sich sowohl an Drogen- und Alkoholabhängige richteten als auch an Menschen mit psychischen und sozialen Problemen. Würden sie einen Spielsüchtigen wie mich aufnehmen?

Schließlich war der Urlaub meines Seelsorgers zu Ende und ich saß im Auto auf dem Weg zu ihm. Mir war nicht wohl in meiner Haut. Was würde dort wohl Magisches geschehen? Würde ich einem vollmächtigen Gottesmann begegnen, der mein Leben durch wenige Worte verändern würde? Würde überhaupt etwas passieren? Ich hatte Angst und war doch voller Hoffnung, denn ich wusste: Dies war meine Chance, aus der Spielsucht herauszukommen. Ich war gefangen und erwartete von Claus, dass er mich befreien würde. Als ich an seiner Haustür klingelte, fragte ich mich, wie mein Wunderheiler wohl aussehen würde.

Claus und seine Frau waren ein älteres Ehepaar. Besonders wundertätig sahen sie nicht aus, aber sie empfingen mich freundlich, luden mich an den gedeckten Kaffeetisch ein und ließen sich mit mir zusammen Kaffee und Kuchen schmecken. »Erzähl mal«, bat Claus, während er sich ein weiteres Stück Streuselkuchen nahm, »was bedrückt dich?« Ich ging nicht ins Detail, erklärte meine Situation aber offen und ehrlich. Claus und seine Frau revanchierten sich, indem sie mir von Gott erzählten, so wie sie ihn erfahren hatten.

»Gott ist kein netter alter Mann, wie ihn sich viele Menschen vorstellen. Er ist heilig und gerecht«, sagte Claus. Nachdenklich schaute er mich an: »Wir Menschen denken, dass Gott mit dem, was wir hier so machen, nicht viel zu tun hat. Deshalb geht unser Leben daneben und wir werden immer wieder schuldig.«

Während er mir erklärte, dass Sünde weniger das war, was ich getan hatte, sondern vielmehr mein verkehrter Zustand, dachte ich an die vielen Dinge, die ich falsch gemacht hatte: schlechte Entscheidungen, Lüge, Brutalität, Süchte und kaputte Beziehungen. Ob Gott noch etwas mit mir zu tun haben wollte?

Claus schien meine Gedanken zu lesen, denn er sagte: »Gott liebt dich. Er will in dein Leben kommen und dich zu einem neuen Menschen machen. Du kannst sein Kind werden.« Natürlich hatte ich das bereits gehört, aber an diesem Tag hörte ich es zum ersten Mal wirklich. Nun war es keine abstrakte Wahrheit, sondern ein Angebot an mich. Ich schämte mich vor Gott, trotzdem wollte ich neu mit ihm anfangen.

Ob Gott noch etwas mit mir zu tun haben wollte?

»Möchtest du von jetzt an mit Gott leben?«, fragte mich Claus. »Ja«, antwortete ich und rechnete damit, dass hier und jetzt etwas geschehen würde. »Wunderbar«, sagte Claus. »In der Bibel steht in 1. Johannes 1, Vers 9: ›Wenn wir aber unsre Sünden bekennen, so ist er treu und gerecht, dass er uns die Sünden vergibt und reinigt uns von aller Ungerechtigkeit.‹« Er drückte mir einen Zettel in die Hand. »Schreib einfach auf, was als Schuld zwischen dir und Gott steht.« »Alles?«, fragte ich skeptisch. »Alles, was dir einfällt.« »Das wird eine lange Liste.« »Macht nichts«, er zwinkerte mir zu, »Gott hat Zeit.« Und damit verabschiedete er mich für diesen Tag.

Wieder zu Hause notierte ich alles, was mir einfiel. Ich wusste, dass ich kein Engel war, aber nie hätte ich gedacht, wie viel Schuld ich mit mir durchs Leben schleppte – ich schrieb Seite um Seite. Am folgenden Tag fuhr ich mit meiner langen Liste wieder zu Claus. Es würde nicht einfach werden, doch ich war bereit, die Dinge konkret beim Namen zu nennen. Ich schämte mich. Gleichzeitig wusste ich: jetzt oder nie. Das hier war meine Chance für einen echten Neuanfang, und ich wollte sie ergreifen.

Noch bevor ich anfangen konnte, meine Sündenliste vorzulesen, sagte Claus: »Halt! Du musst sie mir nicht vorlesen. Gott hat dir beim Schreiben zugehört. Wichtig ist nur, dass du ihn aufrichtig um Vergebung bittest.« Das tat ich. Claus nahm meinen Zettel, zerknüllte ihn und warf ihn in den Kamin. Dort lag er einen Moment im Feuer, bis er in einer schnellen Stichflamme verbrannte. Fasziniert schaute ich zu, wie meine Schuld im wahrsten Sinne verschwand. »Komm, jetzt beten wir zusammen.« Claus, seine Frau und ich knieten uns hin.

Seit Ostern 1984 nannte ich mich Christ, aber jetzt, zwei Jahre später, sagte ich zum ersten Mal: »Jesus Christus, komm du in mein Leben und übernimm darin die Herrschaft. Gestalte mich durch deinen Heiligen Geist zu einem Menschen nach Gottes Willen um.«

Als wir aufstanden, verkündete Claus mir: »Jetzt bist du frei. Du brauchst nicht mehr zu spielen oder zu trinken. Gott hat dich frei gemacht! Dieses Geschenk beinhaltet allerdings auch Verantwortung. Du hast jetzt die Freiheit, zu spielen oder nicht zu spielen. Es liegt an dir, wie du mit Gottes Geschenk umgehst.«

Anschließend beteten wir für meine Zukunft, ganz besonders für einen Therapieplatz. Danach ging ich. Claus gab mir noch praktische Tipps mit auf den Weg und ermutigte mich, regelmäßig in der Bibel zu lesen und zu beten.

Erst als ich im Auto saß, begriff ich, was gerade geschehen war. Es hatte sich nichts Mystisch-Geheimnisvolles ereignet. Im Gegenteil! Ich sah keine Lichterscheinung und wurde auch nicht von einem warmen Gefühl durchrieselt, aber ich hatte trotzdem ein Wunder erlebt. Ich war Gott begegnet, oder besser gesagt: Er war mir begegnet. Ich platzte beinahe vor Freude. Schnell holte ich eine Kassette mit christlichen Liedern aus dem Handschuhfach und legte sie in den Kassettenspieler des Autos ein. Als die Musik begann, sang ich aus vollem Herzen mit. Es klang vielleicht nicht schön, aber es war laut und ehrlich.

Ich war Gott begegnet, oder besser gesagt: Er war mir begegnet. Ich platzte beinahe vor Freude.

Ich war gerettet.

Ich war neu geboren.

Mein Leben fing gerade an.

Am selben Abend notierte ich ein paar Zeilen, um nie zu vergessen, wie es mir in diesem Moment ging:

und es gab tage
da wollte ich mich umbringen
und es gab nächte

da wollte ich es auch
und es gab götter
die sagten mir wie
und es gab Jesus
und der passte auf

Seit diesem Tag im Dezember 1986 habe ich nie wieder Drogen genommen. Ein einziges Mal saß ich noch an einem Glücksspielautomaten. Beim Alkohol hatte ich ein paar Rückfälle und mit dem Rauchen tue ich mich, trotz jahrelanger Abstinenz, bis heute schwer. Doch hat die Sucht nie mehr die Kontrolle über mein Leben gewonnen. Ich kann nur staunen, was Gott stattdessen aus diesem Leben gemacht hat.

Als wir uns das nächste Mal trafen, fragte Sven nach meinen Schulden, und ich legte ihm alles auf den Tisch: Gut vierzigtausend Mark hatte ich verspielt, ungefähr siebzehntausend davon schuldete ich noch verschiedenen Menschen und Organisationen. Er bot sich an, meine Finanzen zu verwalten, wenn ich eine Therapie begann. Er veranlasste eine Umschuldung und ließ alle Schulden zusammenlegen – dafür bürgte er persönlich. Damit war dieses Problem zwar noch nicht gelöst, aber mein Chaos wurde sortiert, es fiel Licht ins Dunkel.

In meiner ersten Zeit als Christ brannte ich geradezu für Jesus. Ich erzählte jedem von ihm, der es hören wollte, und auch jedem, der es nicht hören wollte. Im Rückblick muss ich sagen: Sicher war ich manchmal ganz schön nervig mit meinem Missionseifer, denn es sprudelte einfach aus mir heraus. »Wes das Herz voll ist, des geht der Mund über«, übersetzte Luther diesen Gedanken von Jesus (Lukas 6,45).

Ich stellte mir den Wecker extra früh und las lange in der Bibel. Ich konnte gar nicht damit aufhören, in diesem alten Buch zu lesen, das ich früher so langweilig gefunden hatte. Von morgens bis abends hörte ich Lobpreismusik. Da ich keinen Ausbildungsplatz mehr hatte und noch keinen Therapieplatz, hatte ich viel Zeit. So wurde ich zum Stammgast in der nächsten christlichen Buchhandlung und kaufte stapelweise christliche Bücher. Neben der Bibel las ich viele Biografien von Christinnen und Christen und besuchte Gottesdienste und Hauskreise. Meine Familie beobachtete diese Entwicklung skeptisch: »Wir wissen nicht so recht, welcher Uwe uns lieber ist«, meinten sie, »der süchtige oder der sektiererische.«

Vermutlich sagten sie dies auch, weil sie das Ausmaß meiner Abhängigkeiten nicht mitbekommen hatten. Ich trank, und ich trank auch mal zu viel. Das wussten sie, aber das taten viele auf dem Dorf. Komplette Abstürze hatten meine Eltern nur selten erlebt. Meistens hatte ich mich aus dem Haus geschlichen, ohne dass sie etwas mitbekamen, und inzwischen wohnte ich schon lange nicht mehr daheim. Natürlich besuchte ich sie nur, wenn mein Rausch ausgeschlafen und mein Kater vorbei war. Meinen zeitweisen Drogenkonsum erahnten sie mehr, als dass sie Konkretes wussten, und die Spielsucht hatten sie als Abhängigkeit nicht auf dem Schirm. Obwohl meine Familie mitbekam, dass ich permanent in Geldnot war, hatten sie keinen Überblick darüber, wie hoch meine Schulden waren. Sicher dachten sie sich ihren Teil, wenn ab und zu ein Geldschein aus dem Portemonnaie meiner Mutter verschwand, aber ein Spielsüchtiger liegt weder unter der Brücke noch sieht man ihm das Spielen unmittelbar an. Sie konnten sich nicht vorstellen, welch tiefe Abhängigkeit mich immer wieder magisch vor den nächsten Glücksspielautomaten zog. Sie hatten sich zwar Sorgen gemacht – »Uwe geht es gerade nicht gut«, sagten sie, wenn jemand nach mir fragte –, aber sie hatten keine Ahnung, welche Ausmaße meine Probleme tatsächlich angenommen hatten.

Jetzt kam ich nach Hause, strahlte sie an und verkündete ihnen: »Ich bin frei!« Mehr noch: »Jesus hat mich frei gemacht!« Das war für sie befremdlich genug. Womit sie gar nicht klarkamen, war mein missionarischer Eifer: »Auch ihr braucht Jesus!« Wenn ich früher bei ihnen vorbeigekommen war, hatte ich heimlich ein Tütchen Gras in der Tasche gehabt. Jetzt las ich so offensichtlich wie möglich ein christliches Buch und legte ihnen ein Traktat als Einladung zum Glauben auf den Wohnzimmertisch. Ich brannte für Jesus und drängte ihnen das Gespräch auf. Als Suchtkranker hatte ich hauptsächlich meine Ruhe gewollt, nun bedrängte ich meine Familie regelrecht. Heute verstehe ich, wie seltsam das für sie gewesen sein muss. Sie glaubten, ich wäre in die Fänge einer Sekte geraten.

Jetzt kam ich nach Hause, strahlte sie an und verkündete ihnen: »Ich bin frei!«

Wir lebten in einer Umgebung, in der quasi jeder zur evangelischen Kirche gehörte, wo aber gefühlt keiner etwas mit dieser Kirche zu tun hatte. In meiner gesamten Schulzeit hatte ich nur eine katholische Mitschülerin. Die ging ab und zu zur Messe und das fanden alle komisch. Im Nachbarort wohnte eine Familie, die als extreme Sektierer verschrien waren. Später erfuhr ich, dass sie Baptisten waren, eine anerkannte Freikirche. Doch wer wusste das schon? Man war getauft und konfirmiert und man redete nicht darüber. Und nun kam ich mit Gedanken über Gott, Ewigkeit, Sünde und Rettung an. Kurz vor seinem Tod spiegelte mein Bruder mir diese Zeit: »Mittlerweile weiß ich einfach, dass der Glaube zu dir gehört und dass daran auch nichts Seltsames ist, aber jahrelang dachte ich, du wärst völlig durchgedreht.«

In dieser Situation war mir Manfred eine unschätzbare Hilfe. Ich bat den Pastor der kleinen Flensburger Gemeinde, die ich besuchte, mal bei meinen Eltern vorbeizuschauen. Er war sowieso regelmäßig in der Gegend unterwegs, um Hausbesuche zu machen, und bei nächster Gelegenheit meldete er sich bei meinen Eltern an und kam zum Kaffeetrinken. Meine Mutter hatte extra gebacken und war etwas aufgeregt. Was war das wohl für ein Mensch? Manfred begrüßte sie herzlich und fragte, wie es ihnen ginge. Dann erzählte er von sich, seiner Frau und seinen vier Kindern. Sie arbeitete als Grundschullehrerin. Er hatte zunächst geplant, Maschinenbau zu studieren, und wollte eigentlich gar kein Pastor werden. Die Atmosphäre wurde immer lockerer – Manfred gewann durch seine normale und freundliche Art die Herzen meiner Eltern. Als er dann erklärte, dass unsere Freikirche einfach eine evangelische Form des Glaubens lebte und auf keinen Fall eine Sekte wäre, waren meine Eltern überzeugt und beruhigt.

»Das ist ein richtig netter Mensch«, sagte meine Mutter, nachdem er sich verabschiedet hatte. »Und er ist so normal.« In Gedanken hat sie damals vielleicht ergänzt: »… nicht so wie Uwe, der gerade spinnt.« Seit diesem Besuch waren meine Eltern wesentlich entspannter. Sie hatten keine Angst mehr, dass ich in den Fängen irgendeiner dubiosen Sekte gelandet sein könnte. Stattdessen wussten sie jetzt, dass es sich um ganz normale Christen handelte, und mehr noch: dass deren Gesellschaft ihrem Sohn guttat. Auf dieser Grundlage konnten sie auch mit meinen Traktaten leben.

Es wuchs sogar neues Vertrauen. Das wurde deutlich, als meine Eltern durch eine Krise gingen. Helmut und meine Mutter verstanden sich immer weniger. Irgendwann erreichten sie den Punkt, an dem meine Mutter verzweifelt sagte: »Ich bring mich um.« Natürlich kannte Helmut die Geschichte meines Vaters, der mit dem Strick auf den Dachboden gegangen war, und offensichtlich traute er meiner Mutter alles zu, deshalb rief er mich an und sagte: »Uwe, du musst dringend nach Hause kommen. Wir brauchen dich. Bitte!«

Solch einen Anruf hatte ich noch nie von ihm bekommen und ich machte mich tatsächlich direkt auf den Weg. Aber was sollte ich tun? Wie sollte ich als Sohn Mediator in ihrer Situation oder gar Seelsorger werden? Zunächst saßen wir einfach schweigend im Wohnzimmer und die Atmosphäre war aufgeladen. Irgendwann brach meine Mutter ihr Schweigen und es platzte aus ihr heraus: Sie berichtete, dass sie sich gestritten hätten, als Helmut nach einer Feier mit reichlich Alkoholgenuss abends im Bett körperliche Nähe gesucht hatte. Schnell wurde deutlich, dass mehr dahintersteckte, und meine Mutter erzählte weiter: »Das war wie früher bei deinem leiblichen Vater. Wenn der besoffen nach Hause kam, wollte er Sex. Und wenn ich nicht wollte, dann nahm er mich mit Gewalt.«

»Uwe, du musst dringend nach Hause kommen. Wir brauchen dich. Bitte!«

Es war, als wäre ein Damm gebrochen, als sie anfing, davon zu erzählen. Ich hörte all dies zum ersten Mal, auch, dass sie bereits als Neunjährige auf der Flucht vergewaltigt worden war. Das hatte sie nicht nur mir noch nicht erzählt – das wusste bis dahin niemand.

In dieser emotionalen Situation weinte Helmut mit ihr, er nahm zart ihre Hände in seine und war einfach für sie da. So einfühlsam hatte ich ihn noch nie erlebt. Noch konnten wir keine Brücke zwischen uns schlagen, doch es ist mir als besonderer Moment in Erinnerung.

Giraffen-Therapie

Ich bin krank. Aber nicht nur.

Ich fühlte mich wie eine Giraffe: Mein Kopf war im Himmel, doch meine Füße standen immer noch auf der Erde. Ich hatte ein Wunder erlebt und war mir dessen sehr bewusst. Trotzdem merkte ich, dass all das nur der Anfang sein konnte, ich brauchte eine Wende. Mein gesamtes Leben war ein einziger Scherbenhaufen – gesundheitlich, beruflich, menschlich. Allein hatte ich keine Chance und die christlichen Reha-Zentren, bei denen ich mich bewarb, sagten mir eines nach dem anderen ab. Entweder waren sie langfristig belegt oder sie nahmen keine Spielsüchtigen auf. Dass Spielsucht eine Krankheit sein könnte, war damals noch neu und wurde von den Zuständigen in Politik und Medizin kontrovers diskutiert. Die wenigsten Einrichtungen waren darauf eingestellt.

Ich fühlte mich wie eine Giraffe: Mein Kopf war im Himmel, doch meine Füße standen immer noch auf der Erde.

Tatsächlich erhielt ich nur eine einzige positive Antwort. Vom Missionswerk *Hoffnung für Dich* in Schloss Falkenberg bei Kassel kam die Einladung zu einem Vorstellungsgespräch. Sven lieh mir sein Auto und im Januar 1987 fuhr ich die gut fünfhundert Kilometer ins hessische Wabern.

Das Wetter war mehr als winterlich, ganz Deutschland war verschneit und viele Autobahnen gesperrt. Meine Eltern meinten: »Du kannst das Gespräch bestimmt verschieben. Bleib lieber hier.« Ich antwortete nur: »Man muss im Glauben auch mal was wagen!« Wie abenteuerlich die Fahrt werden würde, wusste ich da noch nicht. Am nächsten Morgen saß ich mit fünf Minuten Verspätung vor dem Schreibtisch von Axel Ohrndorf, dem damaligen Leiter von Schloss Falkenberg. Fünf Minuten zu spät. Doch dahinter steckte eine Odyssee.

Weil neben und auf der Straße alles weiß war, fuhr ich langsam und vorsichtig. Trotz Tempo fünfzig auf der Autobahn kam ich bei Hannover ins Schleudern. Ich blieb vor Schreck mit dem Fuß auf dem Gas und hätte eigentlich von der Straße schießen müssen, stattdessen fand ich mich mit laufendem Motor auf dem Seitenstreifen wieder – irgendwie hatte Gott Schlimmeres verhindert. Was hatte ich vorher in der Bibel gelesen? »Denn er hat seinen Engeln befohlen, dass sie dich behüten auf allen deinen Wegen« (Psalm 91,11). Das hatte ich gerade erlebt. Langsam senkte sich mein Puls wieder in den Normalbereich. Doch ich war noch nicht am Ziel. Nur eine Stunde später brach die Achse des Autos und ich saß bei tiefen Minusgraden eine Weile fest, bis der Abschleppwagen kam. Dann musste ich per Anhalter und Zug weiterfahren und das letzte Stück laufen. Trotzdem war ich beinahe pünktlich.

Diese Mischung aus Hindernissen und Gottes Bewahrung unterstrich für mich, dass ich auf dem richtigen Weg war. Axel war derselben Meinung und sagte mir einen Therapieplatz zu, er erklärte mir allerdings: »Es gibt da ein Problem. Wir müssen erst die Kostenzusage klären. Spielsucht ist bis jetzt nicht als Sucht anerkannt, da musst du erst beim Sozialamt einen Antrag stellen. Wenn sie dir eine soziale Behinderung attestieren, kannst du über diesen Umweg gefördert werden.« Das hörte sich kompliziert an und war es letztlich auch, aber es war auch nicht schlimmer als der Achsbruch oder mein Beinaheunfall davor und es eröffnete mir eine neue Perspektive.

Zurück im Norden besuchte ich den Direktor der Erzieherfachschule, wo ich das zweite Jahr auch im erneuten Anlauf nicht geschafft hatte. Ich erzählte ihm von meinen Plänen für eine Therapie und er antwortete: »Wunderbar. Tun Sie das. Wenn Sie bei uns anwesend waren, hatten Sie ausgezeichnete Noten und sind mit den Kindern gut zurechtgekommen. Ich mache Ihnen einen Vorschlag: Ich schreibe Ihnen eine Empfehlung und garantiere Ihnen, dass Sie hier nach einer erfolgreich absolvierten Therapie wieder einsteigen und Ihre Ausbildung abschließen können.« Ich war glücklich. Dieses Angebot eröffnete mir die Möglichkeit, nach ein paar Wochen Therapie wieder zurückzukehren. Länger sollte das Ganze in meinen Augen nicht dauern.

Jetzt hatte ich die Zusage von Schloss Falkenberg und sogar die Möglichkeit, anschließend meine Ausbildung abzuschließen, doch nichts geschah. Meinen Antrag auf Kostenübernahme hatte ich längst abgegeben, aber ich erhielt keine Benachrichtigung. Mein Alltag wurde immer schwieriger: Ich brauchte Struktur. Also meldete ich mich noch einmal bei den Verantwortlichen in Schloss Falkenberg und stellte die Dringlichkeit für mich heraus: »Ich merke, dass Jesus da ist und mir hilft, aber ich weiß nicht, wie lange ich allein noch durchhalten kann.« Fünf Monate hatte sich der Prozess bereits hingezogen und es war weiterhin unklar, ob meine Therapie von einem Kostenträger bezahlt werden würde. Trotzdem erhielt ich schließlich grünes Licht aus Hessen: »Gerade ist ein Platz frei geworden. Komm her, wir glauben, dass es nicht am Geld scheitern sollte.«

Anfang Mai hielt mein Zug auf Gleis 3 im Bahnhof Wabern. Mit Rucksack und Taschen bepackt stieg ich aus und schaute mich in meiner neuen Umgebung um. Thomas kam, um mich vom Bahnhof abzuholen. Er war Zivildienstleistender bei *Hoffnung für Dich* und sollte mein Zimmerkamerad werden. Unsicher, wie ich war, bombardierte ich ihn mit Fragen. Seine Antworten fielen sehr einsilbig aus. Dann schwieg er ganz. »Na, das kann ja heiter werden«, dachte ich. Das wurde es auch. Wir waren so verschieden, wie man es nur sein kann: Ich war ein Sprechdenker und redete über alles, was mir durch den Kopf ging, Thomas war ein Schweiger und sagte nur selten etwas. Es dauerte eine Weile, aber schließlich verstanden wir uns gut und wurden sogar Freunde.

Die ersten drei Wochen waren hart: kein Kontakt nach draußen, keine Briefe, keine Zigaretten und ein durchgetakteter Tagesablauf. Ich befand mich in einem Zustand ständiger Unruhe. Dazu standen täglich fünfeinhalb Stunden Arbeit auf dem Programm, Gartenarbeit oder handwerkliche Tätigkeiten. Das hört sich nicht viel an, doch ich war suchtkrank, seit ich vierzehn war, und hatte noch nie richtig gearbeitet – daher fiel mir die regelmäßige und körperlich anstrengende Arbeit entsprechend schwer. Arbeit gab es im Missionswerk genug. Das alte Schloss musste ständig renoviert werden, immer wurde irgendwo etwas um- oder angebaut. Es gab einen Reitstall mit fast zwanzig Pferden und eine gut ausgelastete Töpferei. Zunächst half ich mal hier, mal da, jätete Unkraut, schleppte Schränke. Dann baute ich zusammen mit einem Praktikanten ein Zimmer aus. Schließlich landete ich in der Töpferei und blieb dort bis zum Ende meiner Therapie.

Unsicher, wie ich war, bombardierte ich ihn mit Fragen. Seine Antworten fielen sehr einsilbig aus. Dann schwieg er ganz.

Wir waren in Dreierzimmern untergebracht – jeweils ein Zivi mit zwei Gästen – und mussten uns dort zusammenraufen. Jeder brachte ja seine Geschichte und Probleme mit. Sobald es abends stiller wurde, wuchs meine Unruhe. Das ertrug ich nicht. Schnell ging ich dann in den Aufenthaltsraum, um Tischtennis oder Kicker zu spielen. Nur morgens konnte ich die verordnete Ruhezeit im Haus genießen: Zu Beginn des Tages gab es eine kurze gemeinsame Morgenandacht, danach hatte jeder Zeit für sich. Während dieser Minuten betete ich, las in der Bibel und tankte bei Gott auf. Auch Gruppentherapie und Einzelgespräche taten mir gut.

Nach der ersten Eingewöhnung fühlte ich mich wohl. Immer wieder sagte ich mir, dass Gott mich frei gemacht hatte. Das trug ich vor mir her und wiederholte es wie ein Mantra. Ich benutzte es als Schutzschild, um vieles erst gar nicht an mich heranzulassen. Ein Mitarbeiter durchbrach meine Scheinsicherheit. »Sag mal, Uwe, was willst du eigentlich hier? Dir geht es doch viel zu gut. Geh ruhig nach Hause.« Ich bekam einen riesigen Schrecken und antwortete: »Das geht nicht. Ich bin noch nicht stabil genug und es geht mir immer noch schlecht.« »Dann zeig das auch, Uwe. Sei so, wie es dir geht.« Der hatte leicht reden! Jahrelang hatte ich trainiert, cool zu sein, und jetzt sollte ich auf einmal Gefühle zulassen? Ich wusste gar nicht mehr, wie das ging. Also betete ich ein seltsames Gebet: »Herr, bitte zeig mir meine Gefühle und lass sie mich auch anderen zeigen. Zerbrich meine Mauern aus Verletzungen, Hochmut, Eitelkeit und Stolz.« Und Gott tat das, was er nun schon mehrfach getan hatte: Er erhörte das Gebet.

Jahrelang hatte ich trainiert, cool zu sein, und jetzt sollte ich auf einmal Gefühle zulassen?

Es begann in den Therapiegesprächen. Natürlich war ich nach Schloss Falkenberg gekommen, um Hilfe in Anspruch zu nehmen. Das bedeutete jedoch nicht, dass ich darin geübt war, Menschen an mich heranzulassen. So erzählte ich in der Gruppe eher allgemein davon, was »man« so erlebt, und stellte mich als entspannter und reifer dar, als ich eigentlich war. Die Ursache dafür war sicher mein tief eingeprägtes Gefühl, ein Außenseiter zu sein. Bestimmt konnte niemand nachvollziehen, was ich mitgemacht und erlebt hatte. Aber dann sprachen die anderen von ihren Problemen, ihren täglichen Kämpfen, ihren Erfahrungen und auch Erfolgen und ich war sehr überrascht, wie stark ich mich damit identifizieren konnte. Jeder von uns hatte seine eigene Geschichte, und doch waren wir uns unfassbar ähnlich. Nach einer Weile fand ich durch das Zuhören und Reden in der Gruppe auch Worte für mein eigenes Erleben.

Gespräche waren allerdings nicht alles, da gab es zum Beispiel auch Kunsttherapie, wo gebastelt, gemalt und getöpfert wurde. Einmal sollten wir einen Linolschnitt herstellen. Ich suchte mir einen Baum als Motiv und begann vorzuzeichnen und den Druckstock zu schneiden. Das Motiv misslang mir, dann rutschte mir noch das Messer weg und damit war ein Teil der geplanten Baumkrone abgeschnitten. Ich hätte mein Werkzeug vor Wut am liebsten an die Wand geworfen! Auch hier sprachen wir darüber. Warum hatte ich mir einen Baum als Motiv ausgesucht? Wofür stand das für mich? War mein Druck schön geworden? Was dachte ich, was sagten die anderen? Wie beeinflusste mein Anspruch an ein perfektes Ergebnis den gesamten Prozess? Konnte das Bild nicht fertig werden, ohne perfekt zu sein?

Ich hatte nur ein Bild gestaltet, doch die Arbeit daran und das Gespräch darüber führten mich immer wieder in meine Suchtgeschichte hinein und zu mir als Person. »Du denkst offensichtlich, du kannst Dinge nur ganz oder gar nicht machen. Entweder bist du Picasso oder ein Totalversager. Wie wäre es, wenn du stattdessen das zu Papier bringst, was du hinbekommst, und es schön findest, weil du es gemacht hast?« Aussagen wie diese halfen mir immens weiter und begleiten mich bis heute. Aber da waren auch noch die anderen Gäste im Haus …

Wegen einer Kleinigkeit geriet ich mit einem Rehabilitanden in Streit. Als er mir aus dem Weg gehen wollte, explodierte ich regelrecht. Ich wurde so wütend, dass ich mich kaum wiedererkannte. Ich schrie und tobte und trommelte gegen seine verschlossene Tür. Schließlich kam ich wieder zur Besinnung und warf mich auf mein Bett. Ich wollte weinen, aber es kamen keine Tränen. Ich rief zu Gott: »Du bist selbst schuld. Du hast einen Versager wie mich gerettet, du hättest ja auch jemand anderen nehmen können.« Es wurde ein langer Weg, bis ich mich bei anderen entschuldigen konnte und es auch so meinte. Es fiel mir unglaublich schwer, denn normalerweise waren für mich immer die anderen die Schuldigen. Für meine eigenen Fehler fand ich schnell eine passende Ausrede.

Hier half mir ein wichtiges Element der Therapie weiter, auch wenn es mich damals rasend machte: das Spiegeln. Wenn ich einen der Mitarbeiter anschrie: »Das ist doch alles Scheiße hier!«, fragte er ruhig zurück: »Okay, das siehst du jetzt so. Was ist denn dein Anteil daran, dass es so ist, wie es gerade ist?« Meist dauerte es eine Weile, bis ich mich beruhigt hatte, und wenn ich mich auf die Gegenfrage einließ, wurde es anstrengend. Ich merkte, warum ich so schnell wütend wurde: Es war leichter, als mich ernsthaft auf eine Frage oder einen Konflikt einzulassen und daran zu arbeiten.

»Du bist selbst schuld, Gott. Du hast einen Versager wie mich gerettet, du hättest ja auch jemand anderen nehmen können.«

Dass die Therapie etwas in mir veränderte, merkte ich zuerst bei meinem eigenen Reden. Ich erzählte irgendjemandem: »Wir machen das hier so.« Dann stutzte ich. Hatte ich wirklich »wir« gesagt? Bisher hatte ich immer von »mir« und von »den anderen«

gesprochen. Mir wurde klar, dass dies viel mehr bedeutete als nur eine Änderung der Ausdrucksweise. »Wir« hatte es all die Jahre für mich nicht gegeben. Im Dorf hatte ich nicht dazugehört, weil ich nicht richtig Platt sprach, in der Schule war ich der blöde Arbeitersohn, zu Hause der arrogante Gymnasiast, im Fußballverein erst der Versager und dann der unzufriedene Meckerer. In der Disco stand ich lange nur daneben und selbst in der Gemeinde gehörte ich nie wirklich dazu – mein Leben lang hatte ich mich isoliert gefühlt und jetzt sagte ich nicht nur »wir«, sondern ich fühlte mich auch so.

Es war allerdings nur ein erster kleiner Schritt. In den kommenden Wochen plagten mich Ängste und Panikattacken, die ich so nicht kannte. Auch meine Aggression wuchs immer weiter. Beim Arbeiten auf einem Baugerüst warf ich einem anderen vor Wut meine Drahtbürste an den Kopf – hinterher war ich dankbar, dass er nicht abstürzte.

Samstags spielten wir Fußball und ich genoss die Zeit außerhalb der Schlossmauern. Wir traten gegen Mannschaften aus der Umgebung an und ich wünschte mir, dass ich ihnen Jesus näherbringen könnte, doch kaum stand ich auf dem Platz, und etwas lief nicht nach meiner Vorstellung, rastete ich völlig aus, schrie meine Mitspieler an und pöbelte mit der gegnerischen Mannschaft herum. Ich betete vor jedem Spiel, aber es änderte sich nichts.

»Martin«, sprach ich meinen Arbeitstherapeuten schließlich an, »ich glaube, es ist besser, wenn ich aufhöre, Fußball zu spielen.« »Warum denkst du das?« »Weil ich da permanent ausraste und mich unmöglich verhalte.« »Ich denke eher, dass du weitermachen solltest. Du musst lernen, mit dieser Situation umzugehen, ohne dass du wegläufst.« Also blieb ich, und unendlich langsam machte ich tatsächlich Fortschritte. Stück für Stück verstand ich, was die anderen bei *Hoffnung für Dich* meinten, wenn sie erzählten, dass bei ihnen »etwas hochgekommen« sei. So ging es mir nun auch – und es war nicht leicht.

Langsam lernte ich, Gott dafür zu danken, dass er die Altlasten aus den letzten dreiundzwanzig Jahren ans Licht brachte und mir half, sie abzulegen. Die Therapie war wesentlich härter, als ich mir jemals vorgestellt hätte. Dabei war längst nicht jedes Gespräch anstrengend. Viele waren einfach nur erleichternd und ermutigend, weil ich positives Feedback bekam. Die Menschen um mich herum kannten und mochten mich, ich gehörte dazu, und sie interessierten sich dafür, wie es mir wirklich ging. Auch die Bibel bekam während dieser Zeit eine neue Tiefe für mich. Es war eine Sache, einem Glaubenshelden nachzueifern, und eine ganz andere, mitzuerleben, wie der biblische König David, der große Held, in Psalm 51 tief im emotionalen Loch steckte, weil er Ehebruch begangen und danach versucht hatte, seine Schuld durch einen Auftragsmord zu vertuschen. Es öffnete mir neue Horizonte, was David anschließend tat, wie er Vergebung empfing, einen Neuanfang machte und über sein eigenes Versagen reden konnte.

»Du musst lernen, mit dieser Situation umzugehen, ohne dass du wegläufst.«

Immer noch fühlte ich mich wie eine Giraffe, doch die Therapie half mir dabei, wieder festeren Boden unter den Füßen zu bekommen. Gleichzeitig erlebte ich mehr und mehr, dass ich dafür eine himmlische Perspektive brauchte. Ohne Jesus war das für mich nicht zu schaffen.

Wenn Gott so viel getan hat

Du willst etwas werden? Dann solltest du jemand sein.

In Schloss Falkenberg lagen viele christliche Zeitschriften aus. Da ich sowieso gern las, blätterte ich sie oft durch und fand immer wieder Artikel, die mich berührten oder mir auch konkret weiterhalfen. Als ich einmal im Deutschen Allgemeinen Sonntagsblatt las – eine ehemalige Wochenzeitung der Evangelischen Kirche –, stieß ich auf einen Text, der mich immens ärgerte: »Warum Spielen nicht süchtig macht«. Darin wurde scheinbar wissenschaftlich begründet, dass Spielen gar nicht abhängig machen könne, weil schlicht der Suchtstoff fehle, durch den Abhängigkeiten erst entstehen. Schon beim ersten Überfliegen stellten sich bei mir alle Nackenhaare auf. Dann entdeckte ich, wer für diesen Text verantwortlich war: der Verband der Deutschen Automatenindustrie!

Wenn das Ganze in irgendeiner Zeitschrift gestanden hätte, hätte ich wahrscheinlich nur die Achseln gezuckt. Da es ein kirchliches Blatt war, entschied ich mich jedoch, den ersten Leserbrief meines Lebens zu schreiben. »Sehr geehrte Damen und Herren! Mit Erstaunen habe ich in Ihrer Zeitung den Text über die Spielsucht gelesen …« Ich erklärte, dass ich zwar kein Wissenschaftler sei, aber dass meine Erfahrungen als ehemaliger Spieler in eine völlig andere Richtung gingen. Offen schrieb ich über die negativen Auswirkungen auf mein Leben und ergänzte, dass ich es schwierig fände, solche Erfahrungen zu ignorieren. Zum Schluss unterstrich ich noch, wie sehr es mein Leben verändert hatte, dass ich Christ geworden war.

Das *Sonntagsblatt* druckte den Leserbrief ab und einer derjenigen, die ihn lasen, war Helmut Matthies. Der damalige Leiter des Nachrichtenmagazins *idea* schrieb mir und fragte, ob ich mein Lebenszeugnis noch einmal für das Buch *Christ sein – Christ werden* aufschreiben würde, das sie demnächst herausgeben wollten. Und ob ich wollte!

Zunächst wandte ich mich jedoch an meine Therapeuten und erklärte ihnen die Situation. »Was meint ihr? Kann ich das machen?« Sie teilten meine Begeisterung, aber sie gaben zu bedenken: »Wir können uns gut vorstellen, dass du es schaffst, das zu schreiben, nur ist das Ganze damit ja nicht vorbei. Du stellst dich dadurch mit deiner Suchtkrankheit ins Rampenlicht. Du wirst Reaktionen bekommen – positive und vielleicht auch negative. Kannst du damit umgehen? Willst du das? Was ist mit deinen Eltern und deiner Familie? Sie sind ja mitbetroffen.« Puh, daran hatte ich nicht gedacht. Wir besprachen diese Fragen und ich kam zu dem Schluss: Ich mach's.

Mein Text erschien erst in der Zeitschrift und später als Kapitel im Buch. Tatsächlich erhielt ich einige Reaktionen, mit denen ich allerdings gut umgehen konnte. Eine kam von Ulrich Eggers, dem damaligen Chefredakteur der christlichen Jugendzeitschrift *Punkt*. Der Verlag war gerade dabei, herausfordernde Lebensgeschichten in einer Buchreihe zu verarbeiten. Zu dieser Zeit gab es einige ähnliche Bücher, das bekannteste war *Rocky, der Mann mit der Maske*. Es erzählte die Lebensgeschichte von Gerhard Bauer, der als volltätowiertes Mitglied von Udo Lindenbergs Panikorchester bekannt wurde und später spektakulär zum Glauben gefunden hatte.

Und nun wurde ich gebeten, ein Buch zu schreiben. Wieder klärte ich das mit den Mitarbeitern in Schloss Falkenberg ab und dann ging es an die Arbeit. Ich schrieb das gesamte Buch von Hand und diskutierte es Abschnitt für Abschnitt mit meinen Therapeuten. Sie halfen mir, mich selbst und meine Familie zu schützen, und sie halfen mir auch beim Kürzen: »Musst du eine Seite lang beschreiben, wie man sich einen Joint baut? Die einen Leser wissen das und brauchen deine Anleitung nicht und die anderen müssen es erst recht nicht wissen.«

Und nun wurde ich gebeten, ein Buch zu schreiben.

Das Schreiben half mir therapeutisch und gleichzeitig war es ein Türöffner für die weiteren Bücher, die ich im Laufe der Jahre verfasste. Als ich fertig war, tippte ich alles im Zweifingersystem auf einer alten Adler-Schreibmaschine ab und schickte es dem Verlag. Die Reaktion kam bald darauf. Ulrich Eggers antwortete mir freundlich, dass das Buch sehr gut gelungen sei und dass sie es gern veröffentlichen würden. Dabei war auf den beigelegten Seiten jeder zweite Satz rot angestrichen! »O nein, er *kann* sein Lob gar nicht ernst meinen«, dachte ich, »sonst hätte er nicht so viel korrigieren und verändern müssen.« Aber so arbeiten Lektoren eben. Auch hier lernte ich wieder, dass meine Arbeit nicht perfekt sein musste, sondern durch die Korrekturen anderer gewann.

Kurze Zeit später lud mich Eggers in eine Redaktionssitzung von *Punkt* ein, wo wir das Buchprojekt noch einmal besprachen – im Anschluss daran wurde ich freier Mitarbeiter des Redaktionsteams, was ich auch in der Nachfolgezeitschrift *dran* noch lange blieb. 1989 erschien schließlich mein Buch *Im Land der drei Sonnen – mein Weg aus der Spielsucht* und erfuhr relativ viel Resonanz, sicher auch, weil das Thema damals neu war. Die Aufmerksamkeit reichte von christlichen Radiosendungen bis hin zur wissenschaftlichen Ebene: Professor Dr. Gerhard Meyer, der Autor des Fachbuchs *Pathologisches Glücksspiel*, nahm damals Kontakt zu mir auf.

Außerdem erhielt ich jede Menge Anfragen: »Sehr geehrter Bruder Heimowski, könnten Sie sich vorstellen, bei unserem nächsten Gemeindetag ein Zeugnis zu geben?«, »Hallo Uwe, coole Story. Würdest du das auch auf unserer Jugendkonferenz erzählen?«

Ich sah, wie sich eine Tür vor mir öffnete, aber Axel Ohrndorf als therapeutischer Leiter holte mich auf den Boden der Tatsachen zurück: »An erster Stelle steht deine Therapie. So viele Auswärtstermine würden sie völlig sprengen. Warte bitte damit, bis du hier fertig bist.« Das wollte ich nicht einsehen: »Wenn Gott mir so gute Möglichkeiten gibt, muss ich sie doch nutzen.« »Muss das denn sofort sein?« war die Rückfrage. Meine Therapeuten fragten auch vorsichtig nach, ob es wirklich meine Begeisterung für Jesus war, die mich antrieb, oder ob es vielleicht in erster Linie mein Ego war, das mich motivierte, auf der Bühne vor Menschen zu stehen. Das tat weh. Aber es war noch schmerzhafter für mich, als ich merkte: Sie haben recht!

Das tat weh. Aber es war noch schmerzhafter für mich, als ich merkte: Sie haben recht!

Deshalb konzentrierte ich mich erst einmal auf mein eigenes Gesundwerden. Später gab es dann viele Möglichkeiten, zu predigen und Vorträge zu halten. Die Reihenfolge »Erst die Demut, dann die Bühne« halte ich bis heute nicht für die schlechteste.

Während der Therapie zerplatzten viele meiner Vorstellungen. Fast alles kam anders als gedacht. Ich hatte mit drei Monaten in Hessen gerechnet und wollte längst wieder im Norden sein, doch ich blieb elf Monate auf Schloss Falkenberg und anschließend noch einmal zwei Jahre in einer offenen Wohngruppe in der Nachsorge. Heilung braucht Zeit. In meinen letzten Wochen auf dem Schloss zitierte ein Mitarbeiter bei der Morgenandacht Dietrich Bonhoeffer, den bekannten Theologen und Widerstandskämpfer: »Nicht alle unsere Wünsche, aber alle seine Verheißungen erfüllt Gott.« Für mich war dies wie eine Überschrift für die endende Therapie.

Ursprünglich hatte ich mir vorgestellt, nach der Therapie mein Abitur nachzuholen und Journalismus oder Literaturwissenschaft zu studieren. Oder sollte ich eine Bibelschule besuchen, um Evangelist zu werden? Eines Tages wurde mir deutlich, dass all das nicht realistisch war – noch nicht. Ich träumte von einem anstrengenden Studium und hatte bisher weder meine Schule noch meine Ausbildung abgeschlossen. Daher entschied ich mich, zum ersten Mal in meinem Leben etwas Begonnenes zu Ende zu bringen – meine Erzieherausbildung.

Schnell war mir klar, dass ich dazu nicht in den Norden zurückziehen würde, auch wenn mein ehemaliger Schulleiter es angeboten hatte. Ich wäre direkt in mein altes Umfeld hineingekommen und hätte mich dort sicher sehr schwergetan. Daher schaute ich mich nach Möglichkeiten in meiner neuen Umgebung um und fand eine katholische Fachschule für Sozialpädagogik im benachbarten Fritzlar. Mit klopfendem Herzen machte ich mich auf den Weg und bewarb mich dort. Bald darauf erhielt ich eine Einladung zum Vorstellungsgespräch. In der Ursulinenschule saß ich Schwester Angelika gegenüber. Die damals achtundsiebzigjährige Schulleiterin fragte mich gründlich aus. Ich bewarb mich nicht einfach, sondern erzählte ihr offen meine Geschichte, auch von meiner Abhängigkeit und der anschließenden Begegnung mit Jesus und dem, was seitdem in Bewegung gekommen war. Sie seufzte leicht und schaute mich fest an: »Wenn Gott in Ihrem Leben so viel getan hat, junger Mann, dann wollen wir ihm nicht im Wege stehen. Sie können bei uns anfangen.«

Dafür musste sie hinter den Kulissen sicher einiges klären, aber letztlich öffneten ihre Bereitschaft und die Bescheinigung des Schulleiters aus meiner ersten Ausbildungsstätte in Schleswig-Holstein die Tür in den hessischen Schwalm-Eder-Kreis. Ich konnte meine Ausbildung fortsetzen.

Im April 1988 war die Therapie beendet. Der zweite Teil meines Lebens begann. Ich staunte, wie viel Gott bereits geheilt hatte. Besonders bei einem Besuch zu Hause merkte ich den Unterschied und erkannte, wie kaputt ich vorher gewesen war. Inzwischen waren viele dieser Wunden versorgt und geschlossen. Ich konnte ganz anders als früher mit meinen Eltern und Geschwistern umgehen. Trotzdem war ich froh, noch nicht vollständig auf mich allein gestellt zu sein.

Mein neues Zimmer fand ich in einer Nachsorgeeinrichtung von *Hoffnung für Dich*. Hier musste ich mich selbst versorgen, aber es war noch ein Rahmen vorhanden, der mir half: Wöchentlich gab es Gesprächsangebote. Zwischen Therapie und Schulbeginn lagen fünf Monate. Um Geld zu verdienen, jobbte ich im Tiefbau. Das war ein Knochenjob und ich klotzte richtig rein. Trotzdem wurde ich nach wenigen Wochen entlassen. »Keine Aufträge«, hieß es, obwohl so viel zu tun war. Hintenrum erfuhr ich, dass ich dem Inhaber zu fromm gewesen war. »Der hat immer Bibeln verteilt«, hieß es. Arbeit hat seine Zeit und Missionsgespräche haben ihre Zeit – das musste ich noch lernen.

Besonders bei einem Besuch zu Hause merkte ich den Unterschied und erkannte, wie kaputt ich vorher gewesen war.

Ich betete um eine neue Arbeitsstelle und konnte tatsächlich vier Tage später in einer Steinmetzfirma anfangen. Zusammen mit einem Maurer setzte ich auf Baustellen Fensterbänke und Ziersteine. Klar, dass ich derjenige war, der die Steine schleppte. Arbeitstage mit neun bis zehn Stunden waren normal, dazu kam oft noch eine einstündige Anfahrt. Hier musste ich Durchhaltevermögen beweisen – es war hart.

Wenn die anderen auf den Baustellen fragten, was ich bisher gemacht hatte, erfuhren sie, dass ich Christ war, und spotteten oft darüber: »Dann darfst du ja gar nichts. Nicht rauchen, nicht saufen, keine Weiber! Ist doch stinklangweilig!« Ich staunte, wie viele Menschen das Christsein als »Nicht-Dürfen« beschrieben, dabei hatte ich selbst es ja als Weg in die Freiheit erlebt. Mit einigen kam ich nicht enger in Kontakt, aber mit einem Kollegen freundete ich mich an. Langsam erkämpfte ich mir meinen Platz im normalen Alltag zurück.

Insgesamt wurde mein Leben sehr beständig. Das Zusammensein mit anderen Christen in unserer Wohn- und Lebensgemeinschaft erlebte ich als großes Geschenk. Wir sprachen über unsere Erfahrungen, stritten und versöhnten uns, lernten voneinander, machten Blödsinn und arbeiteten gemeinsam. In alldem lernte ich mich selbst und Gott immer besser kennen. Ich begriff mehr und mehr, dass er tatsächlich etwas mit mir vorhatte – auch wenn ich immer wieder versagte.

Langsam erkämpfte ich mir meinen Platz im normalen Alltag zurück.

Spannend war auch, zu erleben, dass manche Christen neidisch auf mich waren. Einmal wurde ich zu einem »Zeugnisgottesdienst« in der Nachbarschaft eingeladen, um dort meine Geschichte zu erzählen. Solche Gelegenheiten nutzte ich gern. Statt einer Predigt war an diesem Tag ein Bericht darüber dran, was Gott in meinem Leben getan hatte. Anschließend suchte ein Mann aus der Gemeinde das Gespräch mit mir. Er legte direkt los: »Ich bin sauer auf dich, denn du bist so ein Arschloch.« Ich schluckte. Was hatte ich denn verkehrt gemacht? Wir kannten uns doch gar nicht! Dann erklärte er: »Weißt du, du hast all den Mist gebaut, den ich nie machen durfte. Und jetzt stehst du hier oben auf der Kanzel, auf die man mich noch nie gelassen hat.«

Ich war perplex. Ich schämte mich immer noch für all das, was ich falsch gemacht hatte. Es war ja keine Abenteuererzählung, die ich der Gemeinde präsentierte, und mit meinem Heldentum war es nicht weit her, aber dieser hatte den Eindruck, dass man ihm alles weggenommen hätte: Alkohol, Drogen, Mädchen und jetzt zu guter Letzt noch »seine« Kanzel. Und ich war für ihn mitschuldig. Im Gespräch mit ihm verstand ich, dass man auch in der frommen Welt nicht nur gesund werden kann, sondern leider auch deformiert oder krank.

Neben solchen besonderen Erfahrungen hatte ich in der Ausbildung quasi als Hauptfach »normales Leben« belegt. Das war das, was ich jetzt intensiv lernte. In den Pausen der Berufsschule ging die eine Hälfte der Klasse in die Raucherecke, die andere setzte sich sonst wo zusammen. Früher wäre ich automatisch mit den scheinbar interessanteren Leuten zum Rauchen gegangen, jetzt wollte ich nicht rauchen, und es wäre seltsam gewesen, wenn ich mich ohne Zigarette dazustellte. Ich realisierte, dass sich meine neue Welt nicht mit meiner früheren deckte. Was damals spannend gewesen war, wäre nun belastend gewesen. In der Klasse und am Arbeitsplatz hatte ich hauptsächlich mit Frauen zu tun, viele davon waren sehr hübsch und natürlich wurde da geflirtet. Auch im Umgang mit ihnen wollte ich ein neues Verhalten einüben.

All diese Themen brachte ich regelmäßig in der Wohngruppe zur Sprache, wenn wir uns zur Nachsorge trafen. Nicht alles fand hier eine Lösung, doch es tat gut, offen darüber sprechen zu können. Nach elf Monaten Therapie war die Welt zwar noch dieselbe, aber viele Vorzeichen hatten sich geändert und ich selbst war ein anderer geworden – ich musste mich völlig neu orientieren.

Neu für mich war ebenfalls, dass ich in meiner Berufsschulklasse mit Abstand der Beste war. Das fühlte sich zwar gut an, aber ich hatte keine Erfahrung damit: Ich war noch nie irgendwo der Beste gewesen. Nach der Therapie und unbelastet von meiner Sucht konnte ich vieles richtig gut.

Nebenbei übte ich auch den Umgang mit Geld. Der Schuldenberg, den ich während meiner Spielsucht angehäuft hatte, existierte noch. Sven hatte mir geholfen und eine Schuldenzusammenlegung veranlasst, deshalb gab es nur noch eine Stelle, an die ich etwas zurückzahlen musste. Ich hatte hier keinen Druck und konnte auch kleine Beträge abzahlen, doch ich wollte endlich schuldenfrei werden, also lebte ich so sparsam wie möglich. Dadurch schlich sich allerdings etwas Ungutes in mein Leben ein: Ich wurde nicht nur sparsam, sondern geizig. Ich gönnte mir weder Eis noch Cola, weder Kino noch ein Buch. Ich sparte.

Das machte mich allerdings nicht fröhlicher, sondern missmutig, denn andere gönnten sich etwas, sie aßen, tranken und lebten. Und ich missgönnte es ihnen. Dieses Verhalten begründete ich auch noch fromm: »Was könnte man mit diesem Geld Gutes tun?« Ich warf den anderen vor, Verschwender zu sein, die nicht am Elend der Welt interessiert waren. Das war ich zwar auch nicht, aber ich tat mir selbst leid.

Ich wollte endlich schuldenfrei werden, also lebte ich so sparsam wie möglich. Ich wurde nicht nur sparsam, sondern geizig.

Aristoteles soll einmal gesagt haben: »Die Tugend ist die Kunst der Mitte.« Verschwendung ist eine Untugend, genauso wie Geiz. Beide gehen am Ziel vorbei. Großzügigkeit dagegen ist eine Tugend, die sowohl dem anderen als auch einem selbst etwas gönnt. Wer selbst nicht genießen kann, wird ungenießbar. So zahlte ich meine Schulden weiter ab und begann langsam, auch das Genießen wieder zu lernen. Mehr noch: Ich lernte, zu geben. Der »Zehnte« wurde mir zu einer guten Gewohnheit, der etwas bewirkt, zunächst einmal bei mir selbst, dann aber auch in der Gemeinde beziehungsweise in der ganzen Welt.

Das und noch viel mehr lernte ich in der Therapie und der Begleitung danach. Dass ich heute achtundzwanzig Jahre glücklich verheiratet bin und fünf wunderbare Kinder habe, hängt stark mit dieser Zeit zusammen. Ich lebte hier mit Mitarbeitern und ihren Familien zusammen. Praktisch alles war anders, als ich es bisher kannte. Es war keine heile Welt, aber ich begegnete weitgehend heilen Familien. Sie hinterließen tiefe Spuren in meinem Leben. Vieles, was mein Leben bis heute wertvoll macht, habe ich mir damals abgeschaut.

In dem Haus, in dem meine Wohngruppe untergebracht war, war ein kleines Ladenlokal. Wenn die Berufsschule vorbei war oder ich nach der Arbeit heimkam, brauchte ich zwar auch Zeit für mich oder zum Lernen, aber trotzdem arbeitete ich oft für »Das Lädchen«. Dort verkaufte ich zusammen mit den anderen ehemaligen Falkenbergern Biogewürze aus eigenem Anbau und Tee – meist war ich an den Wochenenden mit für das Besuchen der Märkte in der Region verantwortlich.

Gemeindeanschluss fand ich in den Nachbarorten. Eine Landeskirchliche Gemeinschaft hatte eine sehr lebendige EC-Jugendgruppe, wo ich mich gern einbrachte, zum Gottesdienst besuchte ich eine Freie evangelische Gemeinde in der Nähe. Dort gab es auch eine Arbeit für Geflüchtete aus dem Iran und Sri Lanka. Ein Mitarbeiter von *Hoffnung für Dich* und ein Pensionär leiteten die Arbeit. Weil ich gerne aktiv mitarbeiten wollte, fragte ich die beiden, ob ich mich einklinken dürfte. Von nun an trafen wir uns ein- bis zweimal pro Woche. Auf der einen Seite half ich den Geflüchteten praktisch, indem ich Anträge aus dem Englischen übersetzte oder sie bei Behördengängen begleitete, auf der anderen Seite bereitete ich Bibelarbeiten vor, leitete Gruppen und lernte viel über Gesprächsführung und den Umgang mit Menschen – all das half mir später als Pastor sehr. Sogar am Gitarrespielen versuchte ich mich, doch es blieb bei wenigen Akkorden, mit denen ich immerhin ein paar Lieder begleiten konnte, wenn niemand anderes da war, der ein Instrument spielte.

Das zweite Jahr meiner Ausbildung zum Erzieher verging wie im Flug. Das Anerkennungsjahr machte ich in einem städtischen Jugendzentrum. Viele der Besucher waren Kinder und Jugendliche mit Migrationshintergrund. Durch meine Arbeit mit den Geflüchteten hatte ich meine Berührungsängste abgebaut, denn aus meinem kleinen Dorf in Norddeutschland kannte ich vorher nur Deutsche und Dänen. Hierher kamen neben den Tamilen und Iranern in erster Linie türkischstämmige Jugendliche. Nach der Schule kickerten sie, machten Hausaufgaben, spielten oder langweilten sich gemeinsam. Ich war als Ansprechperson vor Ort und half, Aktivitäten zu organisieren, wie gemeinsames Kochen oder ein Basketballturnier. Nach einem weiteren Jahr schloss ich meine Ausbildung dann endgültig ab.

Knapp drei Jahre hatte ich in Hessen in therapeutischer Begleitung verbracht. Das war eine lange Zeit, aber sie war notwendig gewesen. Das realisierte ich spätestens, als ich meine Absolvierungsurkunde zum Erzieher in der Hand hielt. »Was macht ihr heute Abend noch?«, fragte eine Mitschülerin, die ebenfalls bestanden hatte. »Feiern!«, rief eine weitere. Ausgelassen und fröhlich machte sich die Gruppe auf den Weg in die nächste Kneipe und ich dachte: »Eigentlich könnte ich jetzt mitgehen …« Plötzlich stand die Versuchung wieder mitten im Raum und ich sah mich mit den anderen ein Glas Bier trinken und dann noch eins und noch eins. Ich atmete einmal tief durch, schickte ein Stoßgebet zu Gott und ließ sie allein losziehen. Ich hatte gelernt, nicht nur in Krisenzeiten mit meiner Sucht umzugehen, sondern auch bei Erfolgen. Genau dieses Durchbuchstabieren in den Alltag hinein hatte viel Zeit gebraucht.

Ich atmete einmal tief durch, schickte ein Stoßgebet zu Gott und ließ sie allein losziehen.

Nicht dass am Feiern selbst etwas schlecht wäre, aber ich wäre zu diesem Zeitpunkt nicht in der Lage gewesen, nach einem Glas Bier aufzuhören. Daher brauchte ich ausreichend Abstand zu dieser Versuchung.

Für Jesus unterwegs

Wenn Gott mich nur für den Himmel geschaffen hat, warum bin ich dann auf der Erde?

Während meines Anerkennungsjahrs fiel in Berlin die Mauer. Es »wuchs zusammen, was zusammengehört«, wie es Willy Brandt ausdrückte. Mein damaliger Chef nutzte die jetzt offene Grenze und initiierte eine Jugendarbeit in Dessau in Sachsen-Anhalt. Ich begleitete ihn oft und die zweieinhalb Stunden lange Autofahrt zeigte mir Lebenswelten, die ich nicht gekannt hatte. Viele aus dem Westen waren zu dieser Zeit das erste Mal im Osten und realisierten wie ich die krassen Unterschiede zu ihrem Zuhause.

Noch stärker wurden diese Eindrücke, als in den letzten Tagen des Jahres 1989 der rumänische Diktator Ceauşescu erst ausgebuht, dann gestürzt und schließlich hingerichtet wurde. Im Jugendzentrum sahen mein Chef und ich die ersten Fernsehbilder aus dem Land: verfallene Häuser, Not leidende Menschen, Kinderheime, die an Konzentrationslager erinnerten, Straßenkinder, die im Untergrund lebten und sich in der Kanalisation verstecken mussten. Wir waren schockiert. Mein Chef meinte: »Das kann doch nicht wahr sein, da müsste man etwas tun.« Ich schüttelte den Kopf: »*Müsste* ist mir zu wenig. Ich will auf jeden Fall etwas machen.«

Ich erkundigte mich, wer Kontakte nach Rumänien hatte, und stieß auf *Licht im Osten*, eine Missionsgesellschaft, die sowohl in der ehemaligen DDR als auch in Rumänien bereits seit Jahren aktiv war. »Kennt ihr jemanden, den wir konkret unterstützen können?«, fragte ich. »Natürlich«, war die Antwort, »es gibt zum Beispiel eine deutschstämmige Minderheit in der Gegend von Timişoara. Die Gemeinde dort ist sehr arm und es gibt ein Krankenhaus, das kaum Medikamente hat, vielleicht könnt ihr da etwas tun.«

»Das kann doch nicht wahr sein, da müsste man etwas tun.« Ich schüttelte den Kopf: »*Müsste* ist mir zu wenig. Ich will auf jeden Fall etwas machen.«

Ich bekam die Telefonnummer des Pastors und rief ihn an. Bereits beim ersten Kontakt spürte ich seine Freude und Dankbarkeit. Er erzählte mir: »Die Zeit ist optimal. Momentan gibt es eine offene Tür nach Rumänien. Wer sich ein rotes Kreuz ins Auto hängt, kann die Grenze einfach passieren und auch Hilfsgüter mitnehmen.«

Nun wurde es konkret. Ich fragte in meinem Umfeld. Jeder wandte sich an seine Freunde, die wiederum ihre Freunde fragten. Und es geschah ein kleines Wunder: Fünf Tage später war ein VW-Bus voller Medikamente zur Abfahrt bereit, daneben stand ein Siebeneinhalbtonner voller Lebensmittel und ein großer Lkw mit medizinischen Geräten und Kleidung. Die Hilfsbereitschaft der Menschen war unfassbar.

So konnte ich mich im Februar 1990 mit ein paar Freunden auf den tausendfünfhundert Kilometer langen Weg nach Rumänien machen. Wenn man von kurzen Ausflügen nach Dänemark absieht, das für mich früher in direkter Nachbarschaft gelegen hatte, war dies mein erster Auslandsaufenthalt. Es war ein Riesenabenteuer!

Durch Österreich und Ungarn fuhren wir mit unserem kleinen Konvoi ins winterliche Rumänien und quälten uns über verschneite oder matschige Pisten voran.

In Timişoara angekommen wurden wir herzlich vom Pastor und den Leuten aus der Gemeinde begrüßt. Auch der Bürgermeister war erschienen. Einige Bewohner hatten Plastikkanister mit selbst gekeltertem Wein dabei, den sie allen anboten, die etwas davon probieren wollten. Der Pastor strahlte: »Wunderbar. Dann können wir jetzt überlegen, wem wir mit diesen Hilfsgütern weiterhelfen können.« Ich schaute ihn verständnislos an. »Könnt ihr diese Dinge nicht verwenden?« »Wir als Gemeinde brauchen nichts und unser Kinderheim ist auch versorgt, denn die Geschwister aus der DDR waren schon da.«

Das beeindruckte mich sehr. Christen aus Sachsen waren nach der eigenen Grenzöffnung so froh, etwas weitergeben zu können, dass sie gar nicht zu bremsen waren. Und die rumänischen Geschwister dachten auch nicht daran, Vorräte für schlechte Zeiten zu sammeln. Dieser Haltung begegnete ich immer wieder: Diejenigen, die vermeintlich wenig haben, sind die Ersten, wenn es darum geht, anderen etwas zu geben.

Bald darauf fuhren wir zum Krankenhaus und zu einem Kinderheim, wo die Dinge, die wir auf dem Lkw hatten, gebraucht wurden. »Wenn ihr schon einmal hier seid, dann müsst ihr unbedingt noch zu den Geschwistern in diesem abgelegenen Dorf hier fahren.« Ein Rumäne aus der Gemeinde zeigte auf der Landkarte auf einen kleinen Punkt in der Nähe von Timişoara. Es sah so aus, als ob da fast nichts wäre. Und so fühlte es sich auch an, als wir mit dem VW-Bus über Land fuhren. Gott sei Dank hatte der Bus einen Allradantrieb. Bis zu einem halben Meter tief steckten wir immer wieder im Matsch fest und mussten uns befreien, aber schließlich kamen wir an.

Wir besuchten die kleine lutherische Gemeinde, deren Mitglieder deutschsprachig waren – sogenannte Donauschwaben. In diesem Dorf war einfach alles kaputt. Kein Haus hatte intakte Fenster, die Straße war praktisch nicht vorhanden. Die Häuser waren zwar bewohnt, sahen aber aus wie Ruinen. In der Dorfkneipe standen wackelige Stühle um zerbrochene Tische. In ein paar Kisten auf dem Boden befanden sich undefinierbare Flaschen mit Hochprozentigem. Es war nichts vorhanden, was auch nur im Ansatz gemütlich oder schön ausgesehen hätte – offensichtlich kamen die Menschen hier nur her, um sich ihre triste Wirklichkeit schönzutrinken.

In der Ortsmitte stand eine orthodoxe Kirche, die im krassen Gegensatz zu ihrer Umgebung sauber, neu und schön war. Als Dach trug sie eine strahlende vergoldete Kuppel. Ich hatte mein Urteil schnell gefällt: »Das ist doch typisch. Hier hat niemand irgendetwas, auch die anderen Christen sind bitterarm und leben in Not, und die orthodoxe Kirche bekommt noch die letzten Münzen und vergoldet damit ihr Dach.«

Die lutherischen Geschwister schauten mich verständnislos an. »Wieso? Das ist zwar die orthodoxe Kirche, aber wir im Ort haben gemeinsam dafür gesammelt. Diese goldene Kuppel erinnert uns alle miteinander daran, dass das Goldene Zeitalter erst kommt. Was wir hier sehen, ist nicht das Ende. Der Himmel kommt noch.«

Diese Christen brauchten ein Symbol der Schönheit und Ewigkeit, das ihnen Hoffnung gab. In dieser Spannung bewegt sich mein Dienst bis heute: Dinge anpacken und etwas verändern und gleichzeitig damit leben, dass das Eigentliche erst in Zukunft kommen wird.

Dinge anpacken und etwas verändern und gleichzeitig damit leben, dass das Eigentliche erst in Zukunft kommen wird.

Mein nächster Lebensabschnitt war der Zivildienst, der im Sommer 1990 beginnen würde. Vorher wollte ich allerdings noch an einem Missionseinsatz teilnehmen. Dieser startete mit einer Konferenz in Offenburg, und dann ging es für fünf Wochen mit einem internationalen Team in die Niederlande.

Als ich an der ersten Tür klingelte, war ich so aufgeregt wie selten in meinem Leben. Warum eigentlich? Ich stand mit Mareike, einer einheimischen Christin, vor einem Wohnhaus im niederländischen Arnheim. Wir wollten von Haus zu Haus gehen und Menschen zu Jesus einladen. Und dies war das erste Haus.

Eine junge Frau öffnete und begrüßte uns mit einem freundlichen »Goedendag«. Weil ich kein Niederländisch spreche, antwortete ich auf Englisch: »Hello, my name ist Uwe and this is Mareike.« Dann erklärte ich, dass wir im Rahmen eines Einsatzes mit der Kirche die Menschen im Ort besuchen würden. »Davon habe ich gelesen. Kommt doch herein.« Wir gingen ins Wohnzimmer, die Frau bot uns einen Platz an und stellte uns etwas zu trinken hin. Dann schaute sie mich gespannt an: »Warum macht ihr das?« »Ich … wir … wollen gern weitersagen, was wir mit Jesus erlebt haben.« »Was hast du denn mit ihm erlebt?« Ich hatte mich auf heftige Gegenwehr und alle möglichen komplizierten Fragen eingestellt, aber nicht darauf, dass jemand mich so direkt fragen würde. Deshalb kam ich schon wieder ins Stottern: »Also, das ist so, ich … äh war nämlich mal spielsüchtig … und Jesus hat …« Jetzt hatte ich ihre volle Aufmerksamkeit. Aufgeregt unterbrach sie mich: »Erzähl mir das bitte ganz genau. Ich bin selbst spielsüchtig. Das muss ich wissen.«

Immer wieder erlebte ich dieses Wunder, dass die Geschichte meines verkorksten Lebens andere Menschen dazu motivierte, sich für Jesus Christus zu interessieren.

An diesem Tag gingen wir nicht mehr von Haus zu Haus. Wir blieben in der ersten Wohnung, erzählten von unseren Erfahrungen mit Gott, beantworteten Fragen und erlebten, dass unsere Gastgeberin sich dafür entschied, ihr Leben in Zukunft mit Gott zu gestalten. Sie hatte neue Hoffnung gefunden.

Immer wieder erlebte ich dieses Wunder, dass die Geschichte meines verkorksten Lebens andere Menschen dazu motivierte, sich für Jesus Christus zu interessieren. Das wollte ich auch in Zukunft erleben und entschied mich deshalb, meinen Zivildienst in einer sozialmissionarischen Arbeit abzuleisten. Unter vielen interessanten Einsatzstellen hatte ich das Missionsteam der Heilsarmee in Hamburg ins Auge gefasst.

Auf der »sündigsten Meile der Welt«

> Mag die Kirche sich des Büßers erbarmen, Gott erbarmt sich des Sünders.

Bevor ich mich für die Zivildienststelle entschied, besuchte ich mit einem Freund die Arbeit der Heilsarmee in Hamburg, um mir vor Ort einen Eindruck davon zu verschaffen. Gemeinsam gingen wir über die Reeperbahn in St. Pauli. Mit Prostitution und Kneipen hatte ich hier gerechnet, doch was mich wirklich schockierte, war, dass gefühlt jedes zweite Haus eine Spielhalle beherbergte. Und hier wollte ich hin?

Während wir über die »sündigste Meile der Welt« gingen, entdeckte ich in einer Nebenstraße die Leuchtreklame »Jesus lebt!«. Hier in der Talstraße 13 war die Heilsarmee zu Hause – mittendrin in der falschen Glitzerwelt, in der so viele Menschen echtes Unglück durchleben. Die Mitarbeiter beschönigten in meinem Vorstellungsgespräch nichts von ihrer Arbeit. Sie war hart, aber erfüllend. Die Möglichkeit, mich hier sozial zu engagieren und gleichzeitig Menschen die gute Nachricht von Jesus

> Gefühlt jedes zweite Haus beherbergte eine Spielhalle. Und hier wollte ich hin?

weiterzusagen, gefiel mir. Da kamen meine beiden Lebensstränge zusammen. Außerdem wusste ich aus eigener Erfahrung, dass auch Spieler und ihr Umfeld die Botschaft »Jesus lebt!« unbedingt brauchen. Und so entschied ich mich dafür, die nächsten zwanzig Monate als Zivi auf St. Pauli zu verbringen. Auch von der Heilsarmee erhielt ich grünes Licht.

Im September 1990 zog ich mit meinen Siebensachen wieder nach Norddeutschland und richtete mich in der WG ein, die in den nächsten Monaten mein Zuhause sein sollte. Wir lebten einfach, aber wir hatten alles, was wir brauchten. Die Arbeit im Missionsteam war sehr vielfältig. Das Haus der Heilsarmee hatte eine offene Tür und es kamen ganz unterschiedliche Leute: Obdachlose, Prostituierte, Freier und auch Touristen, die kurz vor der berüchtigten Herbertstraße noch einmal die Kurve gekriegt hatten und jetzt Hilfe suchten.

Unser Team bestand aus etwa fünfzehn Zivis und FSJlerinnen und wir kamen aus ganz verschiedenen Hintergründen. Die meisten waren aus Deutschland, einige aus der Schweiz. Manche waren Mitglieder von Heilsarmee-Gemeinden, doch der Rest kam aus unterschiedlichen Kirchen und Freikirchen, die in irgendeiner Form mit der Arbeit in St. Pauli verbunden waren: aus der Landeskirche, der Gemeinschaftsbewegung, aus Baptistengemeinden oder einer Freien evangelischen Gemeinde. Der damalige Leiter war Methodist, daher waren zu meiner Zeit relativ viele Menschen aus seiner Kirche dabei.

Das enge Zusammenleben in der WG und die herausfordernden Aufgaben schweißten uns als Team stark zusammen. Es entstanden Freundschaften, die zum Teil bis heute bestehen. Dort freundete ich mich mit Rüdiger Jope an, heute Chefredakteur der christlichen Männerzeitschrift *Movo*, der wie ich Pädagoge und Theologe wurde. Er lernte während des Zivildienstes in Hamburg seine Frau

Ingrid kennen und ich durfte die Hochzeitspredigt halten. Heute schreibe ich eine regelmäßige Kolumne für *Movo*. Enge Freunde seit damals sind außerdem Torsten und Irmi Ufer, die heute eine Suchteinrichtung in Zittau leiten.

Keine Frage: Diese Zeit prägte uns. Wir standen alle vor den Fragen, was wir beruflich machen und ob wir einen Partner oder eine Partnerin finden würden. Viele unserer Fragen fanden während unseres Einsatzes Antworten.

Das Miteinander unterschiedlicher Christen öffnete uns die Augen für unsere Gemeinsamkeiten. Das war eine echte Stärke des Missionsteams. Wenn wir reihum die allgemeinen Morgenandachten vorbereiteten, hieß es immer wieder: »Bring etwas von dir persönlich oder von deinem Hintergrund ein. Es profitieren alle davon.« Und so war es. Ich lernte lutherische Liturgie schätzen und hörte, warum Baptisten so großen Wert auf die Taufe legen. Über allem stand unser gemeinsamer Einsatz für Jesus. Es war eine spannende Mischung: Wir waren teils sehr fromm geprägte junge Leute, dazwischen ich mit meiner Suchtgeschichte, aber uns alle verband die große Leidenschaft, unter Obdachlosen und Menschen am Rande der Gesellschaft zu arbeiten.

Ich war in erster Linie für das Abholen von Kleiderspenden für die Kleiderkammer zuständig, doch ich half auch in unserer Suppenküche, füllte mit Obdachlosen Formulare aus oder bot ihnen ein Bad in der Badewanne an – viele nahmen dies gern an. Außerdem gehörte die Verkündigung zu meinen Aufgaben. Wir waren in Teams unterwegs und predigten auf der Straße: nachts auf der Reeperbahn, tagsüber in der City. Im Gemeindehaus der Heilsarmee, aber auch deutschlandweit führte ich evangelistische Veranstaltungen durch. Die Leitung schenkte mir großes Vertrauen und ich konnte viele Menschen zu einem Leben mit Jesus einladen. Prägend für mich war die Kombination aus missionarischer

Verkündigung und sozialer Aktion. Die Form war sicher manches Mal gewöhnungsbedürftig – wenn wir zum Beispiel mit der Heilsarmee-Fahne und ihrem Slogan »Blut und Feuer« auf der Reeperbahn standen –, aber letztlich überzeugte mich das Zusammenspiel von »Suppe, Seife, Seelenheil«. Dieses Motto gilt auch noch über hundertfünfzig Jahre, nachdem William Booth in den Arbeitervierteln von London die Heilsarmee gegründet hat.

Besonders bewegend waren für mich die Begegnungen mit unseren regelmäßigen Besuchern. Wir nannten sie »Gäste« und wünschten uns, dass sie sich auch so fühlten. Einer davon war Bruno. Als ich ihn kennenlernte, hatte er seine heiße Phase schon hinter sich. Er war früher Quartalssäufer gewesen. Wochenlang war er trocken, doch wenn ihn der große Durst überfiel, fand er kein Ende. Er trank immer häufiger und immer mehr, verlor seine Arbeit, seine Wohnung, seine Würde und landete schließlich auf der sprichwörtlichen Parkbank. Hier tat er sich mit anderen zusammen und trank so viel, dass es ihn fast das Leben gekostet hätte. Eine Gefängnisstrafe rettete ihn davor, und als er entlassen wurde, machte er einen Alkoholentzug. Es war nicht sein erster, aber diesmal konnte er das Trinken erfolgreich lassen. Durch das Blaue Kreuz bekam er Hilfe und lernte auch Christen in einer Gemeinde kennen. Er fand eine kleine Wohnung, die er sich mit einem Freund teilte, und wurde Gemeindemitglied – so gut war es ihm schon lange nicht mehr gegangen.

»Suppe, Seife, Seelenheil«

Seine Zeit auf der Straße hatte jedoch Nachwirkungen. Bruno erlebte ab und zu einen Rückfall, vor allem hatte er sich jedoch die normale Körperhygiene so gut wie abgewöhnt. Er duschte nie und badete nur sehr selten. Seine willkommene Ausrede war: »Siehst du das kleine Waschbecken bei mir im Zimmer? Das ist alles, was ich habe. Es reicht nur zur Katzenwäsche ...« So litt Bruno immer wieder an Infektionen und sein Mitbewohner litt unter Bruno.

Einmal kam dieser Mitbewohner zur Heilsarmee und nahm mich beiseite. Er bat mich, nach Bruno zu sehen und ihn zum Baden zu überreden. Das war keine leichte Aufgabe. So behutsam wie möglich schnitt ich bei meinem nächsten Besuch das Thema an, doch sobald das Gespräch in Richtung Wasser ging, versteifte sich Bruno und erklärte: »Nein! Auf gar keinen Fall!« Ich redete mit Engelszungen und war kurz davor, aufzugeben, als mir klar wurde, warum er sich weigerte. Er schämte sich, so dreckig zur Heilsarmee zu kommen. »Weißt du was«, sagte ich, »morgen Mittag ist niemand außer mir im Haus. Du kannst einfach kommen und baden. Ich zieh mich auch zurück.« Er schaute mich an. »Dann komm ich«, antwortete er.

Pünktlich war er am nächsten Tag da und ging ins Badezimmer. Verlegen bat er mich, dabeizubleiben. Er brauchte Hilfe. »Weißt du, ich war seit über einem Jahr nicht mehr in der Wanne, und wenn ich jetzt reinsteige, dann will ich auch sauber werden.« Es war gar nicht so einfach, ihn von seinen alten Hautschuppen und überlangen Zehennägeln zu befreien, doch schließlich war er sauber. Nachdem ich ihm noch frische Kleidung aus der Kleiderkammer geholt hatte, verließ er duftend und strahlend das Haus.

Seitdem hatten wir eine besondere Beziehung zueinander. Wenn wir uns trafen, zwinkerte er mir verschwörerisch zu, und ich lächelte zurück. Einmal jedoch kam er in die *Atempause*, das alkoholfreie Café der Heilsarmee, und bat mich: »Uwe, komm doch mal nach draußen.« Es war nicht viel Betrieb, also folgte ich ihm. Zielsicher steuerte er mit mir im Gefolge auf die *Sun-Bar* zu, den nächsten Nachtklub. »Hilf mir bitte mal«, sagte er und blickte in den Schaukasten neben der Tür. »Die Schrift ist einfach zu klein. Was kostet hier ein Bier?«

Ich war völlig durcheinander. Wollte dieser ehemalige Alkoholiker allen Ernstes von mir wissen, was das Bier kostete? Wollte er jetzt wieder trinken? Und warum schaute er dabei so spitzbübisch? »Fünf Mark«, las ich ihm vor und ärgerte mich über mich selbst. Er nickte wissend. »Sag mal«, fragte er mich, »wenn du mit deiner Freundin in Süddeutschland telefonierst, ist das doch ziemlich teuer, oder?« Ich hatte keine Ahnung, worauf er hinauswollte, aber ich bejahte die Frage. »Das kannst du dir von deinem Taschengeld bei der Heilsarmee sicher nicht so oft leisten, oder?« »Nein, nicht so oft«, bestätigte ich. »Na, dann ist es wohl besser, du rufst sie an, als dass ich ein Bier trinke.« Mit diesen Worten zwinkerte er mir zu, drückte mir ein Fünfmarkstück in die Hand und ging wieder in die *Atempause*. Das war Bruno.

Als mein Zivildienst nach zwanzig Monaten seinem Ende entgegenging, stellte sich die Frage, wie es für mich weitergehen sollte. Sollte ich als Erzieher in einen Kindergarten oder eine Jugendeinrichtung gehen? Ich hatte die Arbeit auf der Reeperbahn lieben gelernt und überlegte, noch etwas zu bleiben.

Ein paar Jahre zuvor war Manuela als Ärztin zur Heilsarmee gestoßen. Sie wollte mitarbeiten und plante den Aufbau einer Aidsberatungsstelle. Das Phänomen HIV war damals noch sehr neu, daher gab es große Ängste und wenig Behandlungsmöglichkeiten. Manuela hatte während ihres Medizinstudiums einige Kommilitonen an die Krankheit verloren und wollte sich deswegen im Kampf gegen Aids engagieren. Ihr Doktorvater stimmte zu. Sie konnte eine christliche Beratungsstelle aufbauen und dokumentierte den Prozess in ihrer Doktorarbeit. Nach ihrem Abschluss heiratete sie und zog nach England – das gerade angelaufene Projekt drohte zu versanden. Es gab zwar einen Arzt, der ehrenamtlich mitarbeitete, aber es gab niemanden mehr, der die Verantwortung für das Projekt trug.

Für die Leitung brauchte man keine medizinische Erfahrung, sondern es reichte jemand mit pädagogischer Qualifikation – zum Beispiel ein Erzieher. Daher dauerte es nicht lange, bis ich die Frage hörte: »Uwe, könntest du dir vorstellen, diese Arbeit zu leiten?« Ich konnte. So verlängerte ich meine Zeit bei der Heilsarmee von einem zwanzigmonatigen Zivildienst auf insgesamt fünf Jahre, wurde Mitarbeiter und Mitglied der Heilsarmee und blieb bis 1995 in Hamburg. »Ein Glücksfall«, kann ich nur sagen, denn hier öffnete sich für mich die Tür zum Theologiestudium. Und ich lernte meine Frau Christine kennen.

»Uwe, könntest du dir vorstellen, diese Arbeit zu leiten?« Ich konnte.

Begleitung bis zum Schluss

> Wer Menschen nach dem Mund redet,
> kann sie heute gewinnen.
> Wer die Wahrheit sagt, dem werden sie
> auch morgen noch vertrauen.

Durch meine Tätigkeiten bei der Heilsarmee bestätigt, spürte ich immer stärker, dass ich Gott vollzeitlich dienen wollte. Eine wichtige Motivation für mich war dabei, dass ich Menschen beerdigen wollte. Durch meine Arbeit mit Aidskranken hatte ich viele von ihnen durch Höhen und Tiefen bis zum Lebensende begleitet. Zu gern hätte ich ihnen jetzt noch den Liebesdienst erwiesen, sie zu beerdigen. So festigte sich in mir der Gedanke, Theologie zu studieren. Doch wie sollte das ohne Abitur funktionieren? Ich überlegte bereits, welche Bibelschule wohl für mich infrage kommen würde, da schenkte mir ein Obdachloser eine Ausgabe des Hamburger Abendblatts, die er nicht verkaufen konnte. Darin stach mir ein Inserat der Universität Hamburg in die Augen: »Studieren – auch ohne Abitur«. Ich wusste noch gar nicht, worum es ging, aber ich hatte sofort den Eindruck: »Das steht hier für mich. Das könnte mein Weg sein.«

Es war 1992 und die Uni Hamburg war gerade Teil eines Pilotprojekts für das sogenannte Meisterabitur geworden. Die Idee dahinter war, Fachkräften ohne Abitur, die ihren Meister gemacht hatten, ein Studium zu ermöglichen. Im Fokus waren vor allem technische Berufe. Nun hatte ich keinen Meisterbrief und wollte in einem völlig anderen Fachbereich studieren, aber irgendwie stand für mich dick über der Anzeige: »Uwe, das meint dich!«

Ich notierte mir die Telefonnummer und rief gleich am nächsten Tag bei der Uni Hamburg an. Ich bezog mich auf die Anzeige und fragte: »Können Sie mir sagen, welchen Meisterabschluss ich bräuchte, wenn ich Theologie studieren wollte?« Meine Gesprächspartnerin musste lachen. Kurz skizzierte ich ihr meine Situation und sie bat mich: »Einen Moment Geduld, bitte. Da schau ich gerade mal nach.« Es dauerte eine Weile, dann meldete sie sich wieder. »Sie werden es kaum glauben: In der Regelung steht nichts darüber, in welchen Fachbereichen man studieren kann. Auch von einem Meisterbrief ist keine Rede, es geht nur um eine fachliche Qualifikation. Natürlich hatte der Gesetzgeber da den Meister im Blick – es steht aber nicht in der Richtlinie. Ich reiche Ihre Anfrage mal an die Fakultät weiter, Sie hören dann von uns.«

»Studieren – auch ohne Abitur«. Ich wusste noch gar nicht, worum es ging, aber ich hatte sofort den Eindruck: Das steht hier für mich.

Tatsächlich meldete sich ein paar Tage später ein freundlicher Hochschulmitarbeiter. Er erklärte mir: »Sie haben da einen Bereich entdeckt, in dem es eine Rechtsunsicherheit gibt. Ich habe alles noch einmal überprüft – Sie müssen weder Meister sein noch eine theologische Vorbildung haben.« Direkt ergänzte er: »Und wissen Sie was? Nach dem, was Sie der Sekretärin über Ihren Werdegang erzählt haben, fänden wir es sehr spannend, wenn Sie bei uns anfangen würden. Treffen Sie sich doch einmal mit Professor Pesch.«

Prof. Dr. Otto Hermann Pesch war ein besonderer Mann. Der Theologe, der 2014 verstorben ist, war Katholik, hatte seinen Lehrstuhl aber an der Evangelischen Fakultät und war einer der herausragenden Luther-Forscher. Bei unserem Gespräch schaute er mich freundlich an und fragte: »Junger Mann, warum wollen Sie denn überhaupt Theologie studieren?« Ich erzählte ihm meinen Werdegang, von Sucht, Bekehrung, Therapie und meiner Arbeit in der Aidsberatung. Er war davon sehr angetan und bot mir an: »Wir können eine Regelung für Sie finden. Ich schlage vor, Sie schreiben zwei Zulassungsklausuren und machen dann noch eine mündliche Aufnahmeprüfung, und wenn Sie die bestehen, dann können Sie sich immatrikulieren.« »Einverstanden!«

Ein paar Wochen später saß ich vor meinen Prüfungsaufgaben. Zwei dreistündige Klausuren galt es zu bewältigen. Als ich die Themen sah, wusste ich kaum, wie mir geschah. Einmal ging es um den Umgang mit der zunehmenden Unverbindlichkeit von Jugendlichen im gesellschaftlichen Bereich und der kirchlichen Arbeit und einmal um seelsorgerliche Faktoren in der Beratung aidskranker Menschen. Das waren *meine* Themen. Ich musste gar nicht lange nachdenken, sondern konnte einfach loslegen. Am Ende hatte ich mit qualmendem Füllhalter jeweils dreißig Seiten geschrieben. Zwei Wochen später stand die mündliche Prüfung auf dem Programm. Ich hatte zwar kein schlechtes Gefühl, aber ich hatte keine Ahnung, wie der erste Teil gelaufen war. Professor Pesch saß dort zusammen mit einem Kollegen und fragte mich: »Was sagen Sie aus christlicher Sicht zum Thema Sonntagsarbeit?« »Das ist nicht so einfach zu beantworten«, sagte ich. »Meinen Sie aus evangelischer Sicht? Da kollidiert die Arbeit mit dem Besuch des Gottesdienstes. Im katholischen Rahmen findet dagegen jeden

Tag eine Messe statt.« Pesch lachte laut und sagte: »Wir können das Ganze hier abbrechen.« Ich erschrak. »Sie haben die beiden schriftlichen Prüfungen mit einer glatten Eins bestanden und jetzt auch noch gezeigt, dass Sie konfessionskundlich denken können. Herzlichen Glückwunsch zu Ihrem Studienplatz in Theologie.«

An diesem Tag schwebte ich nach Hause. Ich schaute zurück auf meine gesammelten Schul- und Bildungsabbrüche und konnte nur darüber staunen, was Gott daraus gemacht hatte. Ich durfte tatsächlich Theologie studieren! Ohne Abitur und ohne theologische Vorkenntnisse.

Mit diesem für mich organisierten Konstrukt war das Studium übrigens nur in diesem einen Semester an dieser einen Universität möglich. Nach dem Probelauf wurde das Angebot auf Meister, die im gleichen Fachbereich studierten, reduziert. Damit gibt es in der bundesdeutschen Bildungsgeschichte nur eine einzige Person, die auf diesem Weg studieren konnte: mich. Und alles wurde in Gang gesetzt durch das Geschenk eines Wohnungslosen. Es war, als hätte Gott hier eine Tür geöffnet und gesagt: »Komm, Uwe. Das hier ist mein Angebot für dich.«

An diesem Tag schwebte ich nach Hause. Ich durfte tatsächlich Theologie studieren!

Nun war ich also Student der Theologie. Dass dahinter auch eine Familiengeschichte steckte, erfuhr ich, als ich meiner Mutter von dem geplanten Studium erzählte. Ihre Reaktion war frappierend: »Ach, dann hatte Opa ja doch recht.« »Was meinst du damit?« »Erinnerst du dich nicht mehr? Du musst drei oder vier gewesen sein, kurz bevor Opa starb, da hast du sehr viel Zeit mit ihm verbracht.« Ich grub in meiner Erinnerung, aber ich fand nichts. Ich hatte nur eine sehr vage Vorstellung von meinem Großvater, und dass wir viel Zeit miteinander verbracht hatten, wusste ich nicht mehr. »Damals«, fuhr meine Mutter fort, »las er regelmäßig mit dir in der Kinderbibel. Du hast es geliebt! Opa war ein sehr gläubiger Mann und er sagte damals: ›Uwe interessiert sich so für die Bibel, der wird bestimmt einmal Pastor.‹«

Von meinem weiteren Weg in den Norden, in die Süchte und zu Jesus hin bekam mein Opa nichts mehr mit. Trotzdem staune ich über diesen unbewussten Segen, der mich von früher Kindheit an begleitete. Zumal meine Mutter niemals darüber gesprochen hatte und Glaube bei uns zu Hause nie eine große Rolle gespielt hat. Gern hätte ich mehr von meinem Großvater erfahren, aber es gibt niemanden mehr, den ich fragen könnte.

So begann ich mit achtundzwanzig Jahren mein Theologiestudium an der Universität Hamburg und arbeitete »nebenbei« noch mit einer vollen Stelle in der Aidsberatung. Mein Alltag war also nicht nur voll, er war übervoll, doch ich hatte Energie und wusste, dass all diese Dinge jetzt dran waren. Ein paar Jahre vorher hätte ich nichts davon schaffen können, da überforderten mich schon wesentlich kleinere Aufgaben und nun quoll mein Leben geradezu über vor Sinn.

An der Uni fühlte ich mich sehr wohl – das Lernen und der akademische Austausch taten mir gut, ich war intellektuell so hungrig, dass ich auch eine Reihe von Vorlesungen bei den Historikern und den Philosophen besuchte. Zwischendrin wurde ich allerdings von meiner Vergangenheit eingeholt. Ich durfte zwar aufgrund der Sonderregelung in Hamburg studieren, das Latinum gehörte aber trotzdem zur Theologie dazu. Da ich es nicht besaß, musste ich es nachholen, und so lernte ich ein weiteres Mal Latein. Als die Prüfung bevorstand, hatte ich Albträume. Es war das einzige Mal im Studium, dass ich so angespannt und hoffnungslos war. In der Schule hatte ich in Latein eine glatte Sechs gehabt – und jetzt wollte ich das Latinum bestehen? »Das schaffst du nie! Vergiss es«, tönten meine inneren Stimmen. »Du bist sowieso ein Versager und Latein hast du noch nie gekonnt – das kann gar nicht funktionieren!«

Eines Mittags joggte ich in *Planten un Blomen*, dem großen Hamburger Park. Meine Gedanken drehten sich um Vokabeln, Verbformen, den Ablativus absolutus und die Lateinprüfung insgesamt. Ich wischte sie beiseite, und während ich schneller lief, traf ich mit Gott eine Vereinbarung: »Du hast mein Studium überhaupt ermöglicht, aber jetzt komme ich nicht weiter. Wenn ich diese Hürde schaffe, dann ist das ein echtes Wunder, und wenn nicht, dann besuche ich noch ein paar Vorlesungen, die mich weiterbringen, und wechsele dann auf eine Bibelschule. In jedem Fall bin ich dir sehr dankbar für alles, was du bis hierhin getan hast.«

»Das schaffst du nie! Vergiss es«, tönten meine inneren Stimmen.

Der Druck fiel von mir ab. Und tatsächlich bestand ich die Prüfung und erwarb anschließend sogar noch das Hebraicum und das Graecum. Nicht mit überragenden Leistungen, aber auch nicht ganz knapp. Als ich mein Studium nach dreizehn Semestern abschloss, fragte mich mein Professor allen Ernstes, ob ich nicht bei ihm promovieren wollte. Ich! Der Schulversager, der während der ersten Semester immer wieder mit Panikattacken zu kämpfen gehabt hatte!

Zwischen Tod und Liebe

> Wer tiefe Spuren hinterlassen will, wird das nicht ohne Lasten auf den Schultern erreichen.

Die Arbeit in der Aidsberatungsstelle forderte mich stark heraus. In meiner Kindheit und Jugendzeit auf dem Dorf war ich nie einem Schwulen begegnet – das kam in meiner Welt nicht vor (zumindest nicht öffentlich). Danach bewegte ich mich eine Weile in einem sehr frommen Umfeld, dort kam das Thema Homosexualität erst recht nicht zur Sprache. In der Aidsberatungsstelle erlebte ich nun das andere Extrem, denn die meisten Betroffenen waren damals schwul. Meine erste Herausforderung war dabei, die Vorurteile, die ich durch die Gesellschaft und mein neues christliches Umfeld übernommen hatte, zu hinterfragen und den Menschen offen zu begegnen. Ich hatte mich immer für offen gehalten und staunte, wie schwer es mir fiel. Das war eine sehr gute Erfahrung!

Denn zu uns kamen Menschen, die es in der Wahrnehmung vieler Kirchen und Gemeinden gar nicht gab: Bestimmt siebzig Prozent unserer Klienten waren nicht nur schwul, sie waren schwule Christen. Sie wollten keine »weltliche« Beratungsstelle aufsuchen, doch wie sollten sie ihrem Pastor erklären, dass sie zwar mit einer Frau verheiratet waren, sich aber auf dem Straßenstrich oder bei einem anderen Mann mit Aids angesteckt hatten? Diese Männer fielen durch alle Raster. Für die Gay-Community waren sie zu fromm und zu konservativ und in die Gemeinde passten sie mit ihrer Sexualität auch nicht hinein.

Dabei wurden mir die feinen Unterschiede zu meiner eigenen Vergangenheit deutlich. Als Spieler mit Alkoholproblemen hatte mich die Gemeinde wunderbar aufgefangen und war einfach für mich da gewesen – das erlebten diese Menschen anders. Sie wollten Jesus als homosexuell Empfindende nachfolgen und das war nicht akzeptiert.

Dass Kirchen und Gemeinden sehr langsam lernten, homosexuell empfindende Menschen nicht als krank oder sündig, sondern als anders wahrzunehmen, begann damals erst. Seitdem ist vieles geschehen, aber selbstverständlich ist der Umgang noch nicht geworden. Immer noch ist es ein riesiges Dilemma für Christen. Die einen sehen die betroffenen Menschen und versuchen, die Bibel neu zu verstehen, um ihnen gerecht werden zu können. Die anderen wollen keine Abstriche an ihrem bisherigen Bibelverständnis machen, sehen aber die Not, Homosexuellen liebevoll und auf Augenhöhe zu begegnen.

Wo christliche Beratungsangebote früher zu schnell mit Veränderungsangeboten bei der Hand waren, sind sie heute oft sehr zögerlich, wenn Homosexuelle sich in irgendeiner Form eine Änderung wünschen oder gar in ihrer Heteroehe bleiben wollen – das heute weitreichende Verbot jeder »Konversionstherapie« verhindert zwar manches Leid, wird aber auch nicht jeder Situation gerecht. So wird dreißig Jahre später immer noch vehement über die Deutung und Einordnung von Homosexualität gestritten. Leidtragende sind damals wie heute die Betroffenen.

Für mich waren die Ratsuchenden Menschen, die mit ihren Fragen, ihren Nöten und ihrer unheilbaren Krankheit zu uns kamen und Hilfe suchten. Manche waren nur ein- oder zweimal da, andere begleitete ich über Monate oder sogar Jahre hinweg, oft bis zu ihrem Tod. Dies war ja ein Grund für mich gewesen, Theologie zu studieren. Ich wollte diese Menschen über die gesamte Wegstrecke begleiten.

Eine der großen Schwierigkeiten im Umgang mit Aidskranken war damals, dass es noch keine wirksame medikamentöse Therapie gab. Eine HIV-Infektion kam einem Todesurteil gleich. Fieber, Schmerzen, Durchfälle oder auch Lungenentzündungen waren weit verbreitet und die Krankenhäuser und Hospize weigerten sich oft, HIV-Infizierte aufzunehmen. Zu groß war die Angst, sich anzustecken, und zu groß die Unwissenheit, wie das geschah. Viele dachten, dass es ausreichte, sich mit einer erkrankten Person im selben Raum aufzuhalten oder auf der Straße angehustet zu werden, um ebenfalls HIV-positiv zu werden.

Ich wollte diese Menschen über die gesamte Wegstrecke begleiten.

Da wir unsere Klienten also nicht in normalen Krankenstationen unterbringen konnten, beteiligte sich die Heilsarmee an der Gründung eines eigenen Hospizes. Manuela, meine Vorgängerin, war bereits Mitglied einer Initiativgruppe dafür gewesen. Unser Vorbild war das *London Lighthouse*. Dieses damals größte Aidszentrum weltweit rückte immer wieder in die Schlagzeilen, weil Prinzessin Diana das Projekt öffentlich unterstützte. Ihre Fotos zusammen mit HIV-Erkrankten schufen eine breite Wahrnehmung des Themas. 1998 eröffnete das *Hamburg Leuchtfeuer* und bot einen Ort, an dem Aidskranke in Würde Abschied nehmen und gehen konnten. Das Haus existiert bis heute. Weil durch die neuen Medikamente glücklicherweise weniger Menschen an HIV sterben und sie inzwischen überall willkommen sind, ist das *Hamburg Leuchtfeuer* inzwischen ein allgemeines Hospiz.

Das *Hamburg Leuchtfeuer* war das erste Angebot dieser Art in Deutschland. Auch diese Arbeit genoss einige Aufmerksamkeit, weil sie immer wieder prominente Fürsprecher fand, wie zum Beispiel den Schauspieler, Theatermacher und zeitweise auch Vereinspräsidenten des FC St. Pauli, Corny Littmann; den Travestiekünstler Ernie Reinhardt, der als Lilo Wanders einem größeren Fernsehpublikum bekannt wurde, und die Hamburger Bischöfin Maria Jepsen – und wir waren als Heilsarmee dabei.

Für mich war dies eine besondere Erfahrung. Es ging um eine Gruppe von Menschen, die so wie ich früher als Spielsüchtiger durch jedes Raster fiel. Und ich arbeitete mit daran, diese Menschen sichtbar zu machen, ihnen auf Augenhöhe zu begegnen und sie zu unterstützen. Um die Idee eines Hospizes Wirklichkeit werden zu lassen, war ein breites Bündnis mit vielen verschiedenen Akteuren notwendig; naturgemäß engagierten sich diese aus den unterschiedlichsten Motiven. So stand auf meinem Arbeitsplan die Mitarbeit an einem Empfang der damaligen Bundestagspräsidentin Rita Süssmuth in der Hamburger Katharinenkirche genauso wie ein Benefizabend mit Szenegrößen im Theater *Schmidts Tivoli*. Ich lernte viel darüber, dass effektive Hilfe nur durch breite gesellschaftliche Bündnisse möglich wird – durch Kontakte in die Politik, eine solide Finanzierung und die Vernetzung von Ehrenamtlichen und Hauptamtlichen.

Mein eigener Umgang mit meiner Sexualität beziehungsweise dem anderen Geschlecht war nach dem verklemmten Start als Teenager während meiner Sucht locker bis extrem freizügig gewesen. Ich hatte etliche Freundinnen gehabt. Mit manchen Frauen verbrachte ich nur eine einzige Nacht und immer wieder hatte ich mehrere Beziehungen gleichzeitig. Manchmal war ich so besoffen, dass ich mich nicht einmal erinnern konnte, was da mit wem gelaufen war. Als ich Christ wurde, war mir sehr bald klar: So geht das nicht weiter. Ich merkte, dass ich zwar Sex hatte, aber eigentlich Liebe suchte. Für mich stand fest: Ich wollte auf »die Eine« warten.

In der Praxis bedeutete das einen ziemlichen Kampf, denn ich begann ja nicht bei null, sondern musste mein Sexualleben drastisch zurückschrauben. Manche der Mädchen in den christlichen Jugendkreisen interessierten sich für mich: Ich war groß, nicht gerade hässlich und hatte eine spannende Bekehrungsgeschichte. Doch es passte nie.

Als ich dann zur Heilsarmee kam, lernte ich in der dazugehörigen Gemeinde (in der Heilsarmee nennt sie sich Korps) eine junge Frau kennen und wir verliebten uns. Es schien, als wäre das die Antwort auf meine Gebete: »Herr, bitte zeige mir meine Partnerin für die Zukunft.« Schnell befreundeten wir uns und verlobten uns auch bald. Dann bekam sie einen Studienplatz in Stuttgart. Sie zog nach Süddeutschland und wir sahen uns nur noch selten. Natürlich schrieben wir uns Briefe, telefonierten und hielten den Kontakt, so gut es ging, aber bald wurde uns beiden deutlich, dass wir uns in unterschiedliche Richtungen entwickelten. Außerdem merkten wir, dass wir vor lauter Verliebtheit und Euphorie, die beziehungsweise den Richtigen gefunden zu haben, über viele Themen noch nie gesprochen hatten. Und nun stellte sich heraus: Eigentlich passen wir nicht zusammen. Das realisierten wir beide, aber sie war letztlich diejenige, die den Schlussstrich zog. Schließlich »entlobten« wir uns. Es war der richtige Schritt, doch ich war fix und fertig!

»Herr, bitte zeige mir meine Partnerin für die Zukunft.«

Ich hatte so sehr für eine Frau gebetet und nun geschah das! Ich konnte es nicht verstehen. Ein tiefes schwarzes Loch tat sich vor mir auf. Nächtelang schlief ich nicht, grübelte, zweifelte an meiner Beziehungsfähigkeit und wusste einfach nicht weiter.

Dazu kam ein weiterer Hammer. Ein leitender Mitarbeiter der Heilsarmee wurde zunächst strafversetzt und später entlassen, weil er in der Seelsorge Frauen missbraucht hatte. Ich war völlig am Boden zerstört. Wie konnte das sein? Ich kannte ihn persönlich, hatte ihm viel zu verdanken – und jetzt das?

Diese Schwierigkeiten prägten meinen jungen Glauben auf ganz besondere Art. Nachts lag ich oft wach – und obwohl ich keine Worte fand, um zu beten, wusste ich, dass Gott da war. Tagsüber stand der Rückfall ins alte Leben geradezu vor der Tür. Stündlich, ja fast jede Minute klopfte die Sucht an: Immer wieder überfiel mich Unruhe, ich schaffte es kaum, an den vielen Bars und Spielhallen von St. Pauli vorbeizugehen. Irgendwie gelang es mir dennoch, zu widerstehen. Ich glaube, Gott hat auf mich aufgepasst. Ich war verzweifelt, ratlos, niedergeschlagen und fühlte mich allein. Doch immer war Jesus da, manchmal empfand ich seine Gegenwart fast körperlich. Einige Zeilen aus einem Lied von Horst und Inge Wallis trugen mich durch diese Zeit:

> Du vergibst mir all meine Schuld
> und du heilst alle meine Verletzungen
> und du salbest mein Haupt mit Öl,
> dass ich wieder gesund werde.[3]

Damals kam für ein paar Tage ein Praktikant zu uns auf die Reeperbahn. Eigentlich studierte er in Freiburg Sozialpädagogik und engagierte sich bei der dortigen Arbeit der Heilsarmee, dem Begegnungscafé Insel. Nun wollte er bei uns hospitieren, und er war auch einen Tag bei mir in der Aidsberatungsstelle. Wir verbrachten den gesamten Tag miteinander und kamen uns schnell näher. Irgendwann merkte er, dass etwas mit mir nicht stimmte. »Geht's dir nicht gut?«, erkundigte er sich. »Kann man wohl sagen.« »Was ist denn?« Ich erzählte ihm von meiner Trennung und dem damit verbundenen Frust. Er hörte mir aufmerksam zu und meinte dann: »Wie du das schilderst, ist es doch eigentlich sehr konstruktiv. Ihr seid ja nicht im Streit auseinandergegangen, und Verlobung ist nun einmal eine Zeit, um zu prüfen, ob man zusammenpasst oder nicht. Sie darf also auch zu Ende gehen. Für mich klingt das nicht, als ob du beziehungsunfähig bist, sondern ziemlich gesund.«

So hatte ich das noch nicht gesehen. Es war, als würde für mich ein Licht aufgehen. Ich begriff plötzlich, dass auch eine Trennung heilsam sein kann, und atmete auf. Dies war noch nicht das Ende.

Der Freiburger Praktikant war übrigens Frank Heinrich – heute vielen als ehemaliger Bundestagsabgeordneter aus Chemnitz bekannt oder als Teil des Vorstands der Deutschen Evangelischen Allianz. Damals ahnte ich nicht, dass er später einmal einer meiner besten Freunde und dann sogar mein Chef werden würde. Ein Funfact am Rande: Für mich war das Gespräch in unserem kleinen Beratungsbüro ein Wendepunkt, Frank konnte sich später nicht mehr daran erinnern. Manchmal ist uns gar nicht bewusst, was für eine große Bedeutung kleine Gesten und einfühlsame Gespräche haben können.

Dies war noch nicht das Ende.

Hochzeit meiner Eltern (1954)

Einen Schneemann kann man auch besteigen – mit meinen Geschwistern (1970)

Als Fußballer in der C-Jugend (1976)

Ziemlich cool – kurz vor dem 18. Geburtstag

Mit »meinen« Kindern beim Vorpraktikum als Erzieher (1983)

Im Hof von Schloss Falkenberg (1987)

Abschied aus Hessen nach der Erzieherausbildung

Bei der Heilsarmee
in Hamburg St. Pauli (1992)

Predigt und Segnung eines Patenkindes

Christine und ich feiern Hochzeit (1995)

Gemeinsam bis auf den Gipfel – mit Christine in den Alpen

Familie ist ein riesiges Geschenk (2011)

Familienzeit (2012)

Im Partnerlook mit Talitha

2015 in Moskau: Wir sollten nichts sehen, nichts hören und schon gar nicht reden

Eine Aktion von »Gemeinsam gegen Menschenhandel« (2017)

Empfang beim peruanischen Parlamentspräsidenten (2017)

Mit der Jüngsten in Berlin

Im Flüchtlingslager Moria auf Lesbos mit Frank Heinrich und Andrea Wegener (2020)

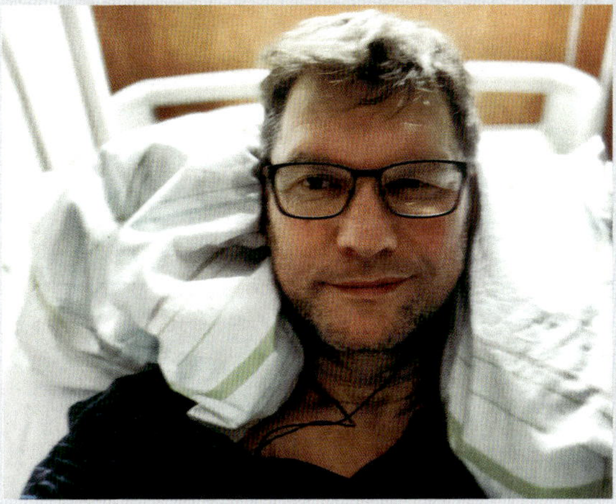

Nach dem Herzinfarkt im Krankenhaus (2020)

Entspannung und Bewegung beim Rudern (2021)

Meine Assistentin Kersten Rieder mit dem »Jahrbuch Religionsfreiheit« der Evangelischen Allianz (2021)

Mit Frank Heinrich 2021 – sein letzter Tag im Bundestag

In Pakistan in Paschtunentrach

Unsere Silberhochzeit als Nachfeier (2021)

Für die Evangelische Allianz am Bundestag

Demonstration für Frauenrechte im Iran (2022)

Andacht im Deutschen Bundestag

Mit Wolfgang Thierse und Martina Köninger
beim Adventsempfang der EAD

Delegation aus der ZAR: »Peace Council« mit Imam, Allianzvorsitzendem und der ehemaligen Verteidigungsministerin (2023)

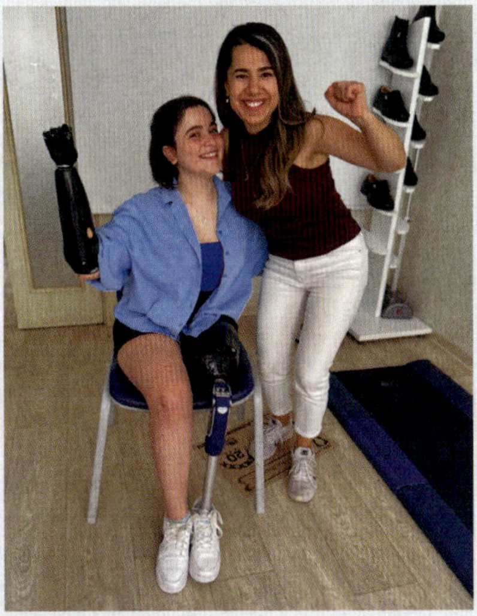

Jülide gehört zu den Menschen, denen *Tearfund* nach dem Erdbeben in der Türkei helfen konnte

Holocaust-Gedenktag im jüdischen Gemeindezentrum Berlin mit Dorothea Kirschner

Beim Podcast mit Jörg Dechert (2023)

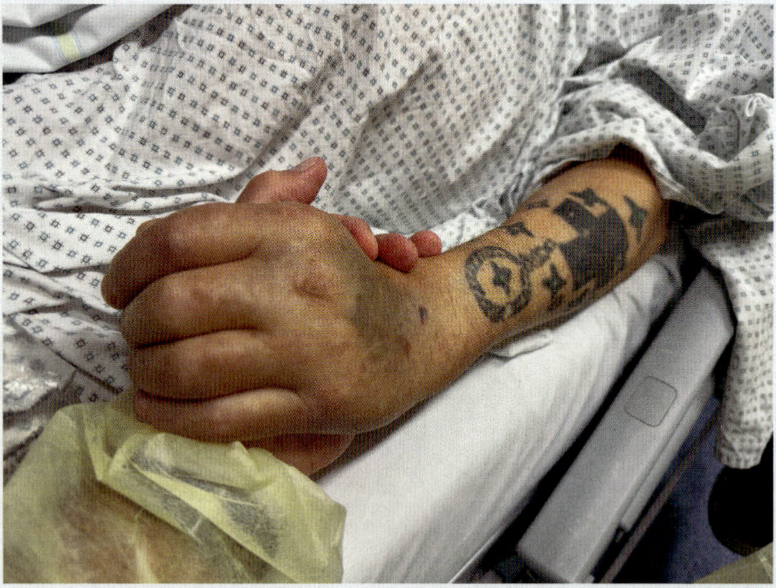

Die letzten Momente mit meinem Bruder Peter (2023)

Das Team von *Tearfund* im Andachtsraum des Deutschen Bundestages

Die Arbeit bei *Tearfund* ist geprägt von der Begegnung mit wunderbaren Menschen

Die gesamte Familie mit Schwiegervater (2022)

Weihnachten mit Christine (2023)

Ausgerechnet in Gera

> Man muss Menschen nicht mögen, um sie zu lieben.
> Aber man wird sie mögen, wenn man sie liebt.

Während meiner Zeit in Hamburg lernte ich Christine kennen. Sie kam aus der Schweiz für ein Freiwilliges Soziales Jahr zur Heilsarmee. Die junge Frau gefiel mir auf Anhieb: Sie war groß, schlank, hatte braune Locken und verspielte Sommersprossen. Als Kindergärtnerin war sie sehr kreativ und hatte dabei ein ruhiges, besonnenes Wesen. Auch sie mochte mich schnell. Doch ich war noch verlobt, und auch wenn es da offensichtlich kriselte, war es für sie keine Option, sich irgendetwas zwischen uns vorzustellen. Dann zerbrach meine Verlobung, und als ich mich anschließend offensichtlich für sie interessierte, sagte sie zu meinen Bemühungen: »Ich finde dich ja auch ganz nett, aber bekomm erst einmal dein Leben auf die Reihe. Eine Trennung aufzuarbeiten braucht Zeit.« Christine hatte klare Vorstellungen, und ein Typ, der von einer Beziehung in die nächste sprang, kam für sie nicht infrage.

»Ich finde dich ja auch ganz nett, aber bekomm erst einmal dein Leben auf die Reihe.«

Ein ganzes Jahr lang ließ sie mich zappeln. Wir sahen uns fast täglich, waren immer wieder an gemeinsamen Projekten beteiligt, doch mehr passierte nicht. Nach Ablauf ihres FSJ ging sie allerdings nicht in ihre Heimat zurück, sondern blieb in Hamburg und arbeitete in ihrem Beruf als Erzieherin in einem Kindergarten. Inzwischen kannten wir uns gut und sie hatte auch nichts mehr dagegen, dass wir uns befreundeten. Bald darauf verlobten wir uns und 1995 heirateten wir.

Im Nachhinein kann ich sagen: Die Wartezeit hat uns gutgetan. Ich konnte meine Gefühle sortieren, und sie wusste, dass ich es ernst meinte. Das schuf eine gute Grundlage für ein tiefes Vertrauen. Später war ich beruflich viel unterwegs und dieses Vertrauen hat uns immer getragen.

Wenn beide Eltern der Braut Pastoren sind, liegt es nahe, dass sie die Trauung übernehmen. Als Heilsarmeeoffiziere mit langjähriger Gemeindeerfahrung hatten Hildi und Peter schon viele Paare getraut, trotzdem war es etwas Besonderes für sie, die eigene Tochter zu verheiraten. Ich dachte an meine Familie und mir wurde weh ums Herz. Sie waren eingeladen, aber unser Verhältnis war ziemlich angespannt. Trotzdem nutzte ich die Gelegenheit und sprach meinen Stiefvater an: »Helmut, ich habe eine große Bitte, könntest du an unserer Hochzeit einen Segen sprechen?« Überrascht schaute er mich an. »Meinst du wirklich?« »Ja, es würde mir viel bedeuten.« »Dir ist schon klar«, schaute er mich verlegen an, »dass ich nicht gern vor Leuten rede. Ich weiß auch gar nicht, was man da so sagt.« Ich zeigte ihm eine Postkarte mit einem Segensspruch darauf. »Magst du den vorlesen?« »Das passt gut«, antwortete er. »Ich mach's.«

Immer wieder hatte ich in den letzten Jahren an das Gebot gedacht: »Du sollst Vater und Mutter ehren.« Ich hatte mich in der Vergangenheit ihnen gegenüber oft unmöglich verhalten. Besonders war mir der Tag im Gedächtnis, an dem ich durch meine verletzenden Worte die Tür zu Helmut zugeschlagen hatte. Wir waren nie mehr richtig warm miteinander geworden. Wie gerne hätte ich hier etwas rückgängig gemacht, aber ich fand weder die Kraft zu einem klärenden Gespräch, noch wusste ich, wie ich es anfangen sollte.

Als der Gottesdienst kam, war ich so aufgewühlt wie noch niemals zuvor. Endlich sollten Christine und ich heiraten – ich schaute die wunderbare Frau an meiner Seite an und konnte mein Glück kaum fassen. Unsere Gäste neckten mich hinterher wegen meines unentwegten Grinsens. Zum ersten Mal in meinem Leben hatte ich Muskelkater vom Lächeln!

Es wurde ein herrlicher Tag, wir feierten eine echte Traumhochzeit. Am Ende der Zeremonie, nach den Jaworten, ging mein Stiefvater nach vorne und nestelte einen Zettel aus dem Jackett. Er begann: »Uwe hat mich gebeten, einen Segen zu sprechen, aber vorher möchte ich noch ein paar persönliche Worte sagen.« Und dann erzählte er von unserer Familie, aus meinem Leben und wie meine Mutter und er mich wahrgenommen hatten. Voller Stolz freute er sich, dass aus mir ja doch etwas geworden sei. Er war gerührt, verhaspelte sich deshalb und verlor den Faden. Ich habe vergessen, was er genau gesagt hat. Doch ich habe nicht vergessen, *wie* er es gesagt hat. Dieser Moment dort im Gottesdienst war für mich ein heiliger Augenblick, ein *Kairos* Gottes.

Was mein Vater sprach, traf genau in mein Herz – und da wurde etwas in mir und zwischen uns geheilt.

Was mein Vater sprach, traf genau in mein Herz – und da wurde etwas in mir und zwischen uns geheilt. Es mag pathetisch klingen, aber von diesem Moment an war unsere Beziehung neu. Alles, was er gesagt hatte, drückte aus: »Ich liebe dich, und zwar schon sehr lange, auch wenn du es nicht gemerkt hast.« Von da an war er nicht mehr Helmut oder mein Stiefvater – er war mein Vater. Fast zwanzig Jahre lang war er auch ein liebevoller Schwiegervater und ein noch besserer Opa für unsere Kinder.

Als Christine und ich uns näherkamen, fragten wir uns manchmal, was uns aneinander faszinierte. Wir hatten beide eine Leidenschaft für Jesus und außerdem eine besondere Liebe für schräge Typen, schwierige Menschen, die am Rand stehen und von anderen gar nicht richtig wahrgenommen werden. Genau diesen begegneten wir in unserer Arbeit bei der Heilsarmee. Während ich eher laut war und vorne stand, war Christine eher ruhig und hörte zu, sie war musisch begabt und liebte die Arbeit mit Kindern.

Eine große Herausforderung in unserer Ehe war und ist die Kommunikation. Schweizer sind meist nicht so direkt wie Deutsche, aber in der Familie meiner Frau war die Kommunikation noch einmal indirekter. Wenn Christine also sagt: »Mer chönnt vielliecht e chli dorüber nachidenke… *(Wir könnten vielleicht ein kleines bisschen darüber nachdenken)*«, meint sie eigentlich: »Ich will, dass du das so machst.«

Wenn ich fröhlich in den Raum rufe: »Schatz, machen wir einen Ausflug!«, dann ist das für mich ein Vorschlag, nur dass das bei ihr mitunter wie ein Vorschlaghammer ankommt. Es dauerte eine ganze Weile, bis wir merkten, *wie* unterschiedlich wir hier sind. Auf eine gute Art miteinander zu reden, war etwas, was wir wirklich lernen mussten – und wo wir immer noch dran sind.

Durch Christine lernte ich, dass es tatsächlich viele Menschen gibt, die nicht lautstark und direkt verkünden, was sie wollen oder brauchen. Ich lernte, hier eine Extrarunde zu drehen und bei manchen Menschen einmal oder mehrmals nachzufragen. Das half mir nicht nur in unserer Ehe, sondern im täglichen Umgang mit anderen, in der Seelsorge und sehr stark bei Menschen aus Ostdeutschland, die oft den Eindruck haben, dass andere – zum Beispiel die »Wessis« – einfach lauter schreien und sie deshalb nicht gehört werden.

In der Anfangszeit unserer Ehe studierte ich weiterhin Theologie und arbeitete in der Aidsberatungsstelle, aber diese Tätigkeit näherte sich dem Ende. Inzwischen gab es auch andere Organisationen, die Beratungen für Infizierte anboten, und HIV-Kranke waren jetzt in normalen Hospizen willkommen. Hinzu kamen finanzielle Engpässe, daher schloss die Heilsarmee die Beratungsstelle nach meinem Ausscheiden.

Christine und ich planten, nach der Hochzeit für anderthalb Jahre in die Heimat meiner Frau zu ziehen – sie wollte dort arbeiten und ich konnte für drei Gastsemester an der Uni Basel studieren. Ich hatte meine Zwischenprüfung bestanden und mein Vorstudium war damit abgeschlossen. Jetzt konnte ich problemlos auch an andere Universitäten wechseln. In Basel wurde unsere erste Tochter geboren: Melissa.

Nach diesen Auslandssemestern musste ich wieder zurück nach Deutschland. Wo sollte ich weiterstudieren? Den Norden kannte ich schon und wir hatten beide den Eindruck, dass jetzt etwas Neues dran wäre, also schrieb ich praktisch alle Theologischen Fakultäten in Deutschland an, ob ich auch ohne Abitur bei ihnen weiterstudieren dürfte – die Sonderregelung zum Einstieg war ja ein Hamburger Pilotprojekt gewesen.

Zusagen erhielt ich aus Kiel, Rostock, Greifswald und aus Halle. Bis auf Kiel, das zu dicht bei der alten Heimat lag, war alles für uns interessant. Den Ausschlag gab eine befreundete Familie, die damals nach Leipzig zog, um die Leitung im dortigen Korps der Heilsarmee zu übernehmen. Sollten wir in ihre Nähe ziehen? »Wir haben hier ein Jugendcafé, da könntest du dich als Erzieher neben dem Studium einbringen«, schlug mein Freund vor. So zogen wir nach Leipzig, wo wir eine günstige Wohnung im Stadtteil Paunsdorf fanden, einem Neubaugebiet aus DDR-Zeiten. Ich studierte zwar in Halle, aber die Leipziger Uni arbeitete eng mit meiner Uni zusammen. Wer dort eingeschrieben war, durfte auch in Leipzig Vorlesungen besuchen, und umgekehrt. So musste ich nur an zwei bis drei Tagen in der Woche pendeln.

Langsam näherte sich mein Studium dem Ende. Einer meiner Dozenten aus Halle, Prof. Dr. Helmut Obst, war Konfessionswissenschaftler. Da die Heilsarmee zu DDR-Zeiten verboten gewesen war, hatte er noch keinen näheren Kontakt zu ihr und ihrer Frömmigkeit gehabt. Deshalb fragte er mich: »Sagen Sie mal, Herr Heimowski, hätten Sie Lust, bei mir in Konfessionskunde Ihre Abschlussarbeit über die Heilsarmee zu schreiben?« Ich sagte zu.

Thema meiner Diplomarbeit war das Erscheinungsbild der Heilsarmee. Ich beschrieb darin ihre Symbole, die Uniform, die Art der Gottesdienste und erklärte die jeweiligen geschichtlichen und theologischen Wurzeln in den entsprechenden Kirchen, die zur Gründungszeit Einfluss auf William Booth gehabt hatten. So entstand die typische Heilsarmeeuniform zum Beispiel, weil man in der Viktorianischen Zeit normalerweise an der Kleidung erkannte, zu welcher Gesellschaftsschicht jemand gehörte – die Uniform stellte dagegen alle gleich, ähnlich wie Schuluniformen.

Offensichtlich war Professor Obst mit dem Ergebnis sehr zufrieden, denn als er die Arbeit in Händen hielt, fragte er: »Können Sie sich vorstellen, über dieses Thema zu promovieren? Die Geschichte der Heilsarmee seit dem Zweiten Weltkrieg ist noch nicht ausreichend erforscht.« Das hörte sich gut an und ich begann mit der Recherche, auch wenn ich es eigentlich kaum glauben konnte: Sollte ich mich tatsächlich vom Schulversager, der durch eine Sondererlaubnis einen Studienplatz erhalten hatte, nun sogar zum Doktor der Theologie entwickeln?

Während des Studiums bekam ich zwar BAföG, aber wir hatten eine kleine Tochter, die von meiner Frau betreut wurde, deshalb musste ich etwas dazuverdienen. Da ich ja schon einen Beruf hatte, fand ich eine gute Stelle in einem Kinderheim in Gera, wo ich an Wochenenden und als Urlaubsvertretung in den Semesterferien arbeitete. Die sechzig Kilometer bis zu meinem Arbeitsplatz konnte ich in einer guten Stunde mit dem Zug zurücklegen.

Sollte ich mich tatsächlich vom Schulversager, der durch eine Sondererlaubnis einen Studienplatz erhalten hatte, nun sogar zum Doktor der Theologie entwickeln?

Diese Arbeit leitete ein Freund von mir. Als ich 1999 mein Theologie-Diplom in der Hand hielt, hatte er einen Vorschlag für mich: »Uwe, das Landesjugendamt Thüringen hat uns beauftragt, als Pilotprojekt eine Wohngruppe für minderjährige Suchtkranke aufzubauen. Könntest du dir vorstellen, bei uns als Erziehungsleiter anzufangen und diese Gruppe aufzubauen? Erst einmal geht es darum, das Arbeitskonzept dafür zu schreiben, denn der Ansatz ist völlig neu.«

Das Haus gehörte zur Diakonie, deshalb war ich da als Theologe nicht ganz verkehrt, aber eigentlich wollte ich ja Pastor werden. Trotzdem spürte ich in dieser Anfrage eine Berufung. Hier konnte ich anderen Suchtkranken helfen, so wie mir geholfen worden war. Natürlich sprach ich mit Christine darüber und sie sah es genauso. Ich sagte zu, bewarb mich offiziell und bekam die Stelle. Wir zogen daher nach meinem Studienabschluss weder in die Schweiz noch zurück in den Norden, sondern nach Thüringen: nach Bad Köstritz bei Gera. Inzwischen hatten wir zwei Kinder. Christine wünschte sich, in den ersten Jahren ganz für die Erziehungsarbeit da zu sein, und so trafen wir gemeinsam die Entscheidung, dass sie zu Hause bleiben und ich mich um das Einkommen kümmern würde.

In der ersten Zeit arbeitete ich parallel noch an meiner Doktorarbeit, doch irgendwann merkten wir, dass dies unrealistisch war: Ich konnte mich nicht einfach aus dem Arbeitsleben zurückziehen und Monate oder Jahre in diese akademische Arbeit stecken. Professor Obst fand es schade, dass alle Mühe vergeblich gewesen sein sollte, und schlug vor: »Ich verstehe, dass Sie Ihre Promotion nicht abschließen, aber Sie haben bereits so viel Stoff gesammelt: Wie wäre es, wenn Sie das Material in die bestehende Struktur Ihrer Diplomarbeit einarbeiten? Das wäre dann keine Doktorarbeit, aber es würde ein schönes Buch dabei herauskommen – ein Buch über die Heilsarmee, das es so in Deutschland noch nicht gibt. Ich schreibe Ihnen auch ein Vorwort.«

> Als ich das Buch nach dem Druck in den Händen hielt, dachte ich noch einmal an meine Anfänge zurück. Nie hätte irgendjemand gedacht, dass ich solch ein Werk verfassen könnte.

Darauf ließ ich mich gern ein, und eine Weile später erschien *Die Heilsarmee. Practical religion – gelebter Glaube* – bis heute das einzige konfessionskundliche Fachbuch über die Heilsarmee in Deutschland. Neben der Forschung zur Geschichte der Heilsarmee beschäftigte ich mich vor allem mit der Fragestellung: Kommunizieren die ursprünglichen Symbole heute noch die Gedanken, die einmal dahintersteckten? Mit diesem Punkt endet jeder Abschnitt des Buchs. Es ist eine Frage, die sich viele Christen in Bezug auf ihre Traditionen und Symbole stellen. Als die Heilsarmee ihre Fahne mit den Worten »Blut und Feuer« entwickelte, sollte dies für Jesus Christus und sein vergossenes Blut stehen und außerdem den Heiligen Geist symbolisieren, der in jedem Gläubigen lebt. Verstehen Menschen das heute noch? Oder klingt der Slogan für sie, vor allem in Deutschland, eher nach Joseph Goebbels und dem Nazi-

Schlagwort »Blut und Ehre«? Die meisten Heilsarmee-Gemeinden verwenden inzwischen nach außen ein rotes Schild (»Red Shield«) mit der Aufschrift »Heilsarmee«, weil sie die Tradition fortführen, aber diese falsche Wahrnehmung verhindern wollen.

Als ich das Buch nach dem Druck in den Händen hielt, dachte ich noch einmal an meine Anfänge zurück. Nie hätte irgendjemand gedacht, dass ich solch ein Werk verfassen könnte. Ich am allerwenigsten. Gott hat Humor – und Geduld.

In Deutschland wurde das Buch von der theologischen Fachwelt zur Kenntnis genommen und in der Heilsarmee Schweiz wurde es sehr geschätzt. Als Folge bekam ich für einige Jahre einen Lehrauftrag für Heilsarmeegeschichte an ihrer Ausbildungsstätte in Basel und übernahm dort regelmäßig Unterrichtsblöcke.

Für mich selbst ist es ein Lebensthema, Glauben in meinen heutigen Bezügen zu leben und Theologie mit sozialem Engagement zusammen zu sehen. In Bad Köstritz beschäftigte mich beides sehr praktisch.

»Euch wollen wir hier nicht!«

Niemand bleibt ein Niemand, wenn jemand jemanden in ihm sieht.

Mit meiner neuen Aufgabe in der Arbeit mit suchtkranken Jugendlichen waren auch kommunalpolitische Lobbyarbeit und Verhandlungen mit Behörden verbunden. Die zuständigen Stellen brauchten Anträge, Finanzpläne und pädagogische Konzepte. Bis dahin gab es in ganz Mitteldeutschland kein Kinderheim, in dem besonders auf suchtkranke Kinder eingegangen werden konnte. Die Bedarfsanalyse dagegen war erschreckend: Vierzig bis sechzig Prozent der Kinder und Jugendlichen bis sechzehn Jahre in den Kinderheimen hatten einen problematischen Umgang mit Alkohol und Drogen, viele zeigten erste Kennzeichen einer Abhängigkeit. Und damit hatten sie ein doppeltes Problem: Wenn sie in den Jugendeinrichtungen mit Alkohol oder Drogen erwischt wurden, flogen sie raus. Dann hieß es schlicht: »Drogen sind hier verboten und der Umgang damit sprengt unsere Kompetenzen als Einrichtung.« Viele wurden zur Behandlung in die nächstgelegene Psychiatrie gebracht – doch dort fehlte wieder die pädagogische Begleitung.

Diesem Missstand wollte man begegnen und so entwickelten wir ein Konzept, das sowohl pädagogische Begleitung als auch psychologische Betreuung in der Einrichtung gewährleistete.

Dass ich mit meiner eigenen Suchterfahrung in diese Jugendlichen investieren konnte, war ein besonderes Geschenk für mich, doch ich wollte sie möglichst auch mit dem Glauben bekannt machen, der mir selbst ja erst die Kraft zum Neuanfang gegeben hatte. So waren auch Andachten und der Besuch eines Gottesdienstes in einer benachbarten Kirche Teil des Konzepts. Das hatte allerdings ein Gespräch mit der Leiterin des Landesjugendamtes zur Folge. »Herr Heimowski, Sie entwickeln da ein wunderbar stimmiges Konzept, aber den Gottesdienstbesuch müssen wir Ihnen wieder streichen. Die Einrichtung ist schließlich weltanschaulich neutral und Sie dürfen hier nicht missionieren.«

»Das ist ein Missverständnis«, antwortete ich. »Es geht nicht darum, die Jugendlichen zu missionieren. Der Gottesdienstbesuch hat in erster Linie eine pädagogische Funktion.« »Das müssen Sie mir erklären.« »Ganz einfach. Die meisten Kinder kommen aus zerbrochenen Familien. In einer Kirchengemeinde kommen zwar auch Scheidungen vor, doch die Kinder begegnen überdurchschnittlich vielen heilen Familien. Die Jugendlichen sehen und erleben hier Familie. Sie erhalten dadurch Vorbilder dafür, wie ihre eigene Zukunft aussehen könnte. Außerdem sind diese Kinder durch die Heimsituation fast nur noch in ihren Peergroups mit Gleichaltrigen zusammen. Sie wissen kaum, wie man mit älteren Menschen umgeht oder auch mit kleineren Kindern – das können sie im Gemeindekontext einüben, denn hier kommen alle Generationen vor. Das gibt es so in keinem Sportverein und ist eine sehr heilsame Erfahrung. Drittens lernen die Kinder, gewisse äußere Formen einzuhalten, die ein Gottesdienst so mit sich bringt. Er fordert sie dazu heraus, sich für einen bestimmten Zeitraum in ein vorgegebenes System einzuordnen und sich im besten Falle einfach einmal für eine halbe Stunde zu konzentrieren. Viertens setzen sie sich hier mit Themen auseinander, die sie herausfordern, wie die Frage nach dem Sinn ihres Lebens. Wenn wir den Jugendlichen ihren Suchtstoff wegnehmen, brauchen sie eine Alternative. Selbstverständlich steht es ihnen frei, Christen oder Buddhisten zu sein oder an gar nichts zu glauben, aber sie setzen sich mit den großen Lebensfragen auseinander.« Mein Gegenüber war perplex. »Ich wusste gar nicht, dass Gottesdienste pädagogisch so wertvoll sind. Selbstverständlich genehmigen wir diese Besuche. Planen Sie sie bitte unbedingt weiterhin ein.«

Als ich das Büro verließ, war ich begeistert. Nicht nur meine Vorgesetzte hatte etwas gelernt, auch mir war einiges klar geworden: Ich muss das, was mir als Christ wichtig ist, in die Sprache anderer Menschen übersetzen können. Das war damals auf der pädagogischen Ebene so wichtig wie später auf der politischen Bühne. »Es steht in der Bibel …« zählt in vielen Kontexten nicht als Argument. Das bedeutet aber keineswegs, dass ich biblische Werte nicht auf andere Weise zur Sprache bringen kann. Im Gegenteil, sie sind für alle Menschen relevant.

Mir war klar geworden: Ich muss das, was mir als Christ wichtig ist, in die Sprache anderer Menschen übersetzen können.

Vor Kurzem wurde mir dieser Zusammenhang wieder deutlich, als meine Tochter von dem Geld, das sie bei ihrem Job verdiente, etwas spenden wollte. »Papa, was hältst du davon, wenn ich zusammen mit meinen Freundinnen ein Patenkind unterstütze?« »Das finde ich prima. Es steht schon in der Bibel, dass es gut ist, einen Teil seines Verdienstes zu geben.« Sie verdrehte die Augen. »Damit kann ich meinen Freundinnen nicht kommen, die sind nicht fromm.« »Ich denke, dass das, was die Bibel sagt, trotzdem für sie gilt. Treue in der Ehe ist ja auch ein sinnvoller Wert für alle Menschen, nicht nur für Christen. Und genauso tut Großzügigkeit jedem Menschen gut.« Jetzt musste sie das nur noch in die Sprache ihrer Freundinnen übersetzen.

In Bad Köstritz war der nächste Schritt in der Vorbereitung das Aussuchen eines geeigneten Hauses. In der Region standen einige ehemalige Pfarrhäuser leer. Wenn wir eines davon übernehmen und wieder einer sinnvollen Nutzung zuführen konnten, würde das für die Diakonie eine Win-win-Situation bedeuten. Drei Objekte nacheinander zogen wir in die engere Wahl, dreimal starteten wir den Planungsprozess und dreimal wurden wir von Bürgerinitiativen gestoppt. Niemand wollte »die da« in seiner Nachbarschaft haben.

In einem der Dörfer stand bei einer Bürgerversammlung ein Mann auf, dessen Gesicht durch eine typische rot geäderte Säufernase gezeichnet war. Er rief aufgebracht: »Wir sind das einzige Dorf in der gesamten Umgebung, wo es keine Alkoholprobleme gibt. In allen Jugendzentren der Region sind Drogen an der Tagesordnung, nur bei uns nicht. Und das wollen Sie jetzt alles kaputt machen?« Tatsächlich war mir eine Untersuchung der Ortssituation bekannt, die das genaue Gegenteil aussagte: Das Jugendzentrum dieses Dorfes war geradezu ein Hotspot für Drogen aller Art. Daher stand ich auf und erwiderte: »Mir liegen Zahlen vor, nach denen das völlig anders aussieht. Wahrscheinlich müssen wir uns eher Sorgen um unsere Kinder und Jugendlichen machen, weil sie hier zu leicht an ihren ›Stoff‹ kommen können.«

Es gab in diesem Dorf noch ein längeres Hin und Her, wobei ziemlich schnell deutlich wurde, dass die politisch Verantwortlichen auf eine unangenehme Weise miteinander klüngelten und Druck auf die Beteiligten ausübten. Hier konnten und wollten wir jedenfalls nicht landen.

Der vierte Versuch war von Erfolg gekrönt. In einem kleinen Ort stand das Pfarrhaus leer und der ehemalige Pfarrer lebte noch in der Nachbarschaft. Er war sehr beliebt bei den Einwohnern. Ohne etwas zu beschönigen, warb er einfach bei der dortigen Bürgerversammlung mit warmen Worten für die Wohngruppe: »Leute, in der Bibel, in der Offenbarung des Johannes, Kapitel 3, Vers 20, sagt Jesus: ›Siehe, ich stehe vor der Tür und klopfe an!‹ Ich denke, dass hier nicht die Jugendlichen bei uns anklopfen, sondern Jesus selbst. Wir können ihn natürlich draußen stehen lassen, aber wir können ihm die Tür auch öffnen. Was meint ihr?«

Hier konnten und wollten wir jedenfalls nicht landen.

Damit war die Entscheidung gefallen. Wir durften das Haus kaufen und als Heimgruppe nutzen. Doch die Mehrheitsentscheidung im Dorf war nur die eine Seite. Die andere Seite war, dass wir erst einmal in dieser Gegend ankommen mussten. Unsere jungen Leute waren durchaus auffällig, und ab und zu kam es zu Schwierigkeiten mit den anderen Einwohnern. Besonders eine Gruppe Neonazis hatte uns als neues Feindbild auserkoren. Mit ihnen kam es häufiger zu Zusammenstößen. Oft fuhren sie abends und nachts mit ihren Autos am Haus vorbei, grölten ihre Parolen und warfen auch schon mal Whiskyflaschen durch die Fensterscheiben ins Haus. »Sauft sie aus und geht!« wurde den Flaschen hinterhergebrüllt. Regelmäßig musste die Polizei deswegen ausrücken, aber sie hatte keine Handhabe und niemand wollte etwas gesehen haben, obwohl alle wussten, wer randaliert hatte. Gott sei Dank wurde keiner von den Jugendlichen verletzt.

Es dauerte einige Jahre und kostete viel Überzeugungsarbeit, doch irgendwann gehörte die Einrichtung zur Dorfgemeinschaft. Am hilfreichsten war es, dass wir ab und zu mit der gesamten Mannschaft draußen etwas aufräumten oder einem Landwirt bei der Arbeit halfen. Irgendwann begannen die Dorfbewohner sogar damit, uns vor den Neonazis in Schutz zu nehmen.

Ähnlichen Prozessen begegnete ich später wieder, als ich mich in der Kommunalpolitik mit der Unterbringung von Asylbewerbern beschäftigte. Auch hier rotteten sich Menschen auf eine ähnliche Weise zusammen, aber auch diesmal gab es Menschen, die sich überzeugen und gewinnen ließen.

Zu meiner Arbeit in der Wohngruppe selbst kam fast automatisch ein gewisses politisches Engagement hinzu. Wir waren auf dem Dorf, die Hauptstelle der Jugendeinrichtung war in Bad Köstritz, dort wohnten wir auch als Familie. In diesem Städtchen mit dreieinhalbtausend Einwohnern war ich durch mein Amt als sogenannter »berufener Bürger« im Jugendhilfe- und Sozialausschuss. Ich wünschte mir von Herzen, mich hier als Mitbewohner und Christ einzubringen. Sehr bewusst wollte ich mein Umfeld mitgestalten, doch genau dabei begegnete ich Strukturen, wie ich sie in den Dörfern angetroffen hatte, wo wir kein Haus erwerben konnten. Politik funktionierte hier oft nach dem Prinzip »Eine Hand wäscht die andere«, und Macht war einigen wichtiger als das Wohl der Bürger.

> Ich hätte im Vorfeld nie gedacht, dass Neonazis in unserer Gegend eine solch große Macht haben würden.

Manchmal kam ich deshalb kochend vor Wut nach Hause. Christine hörte schon an der Art, wie ich die Tür zuwarf, dass die Sitzung im Stadtrat nicht gut gelaufen war. »Wie geht's dir?«, fragte sie trotzdem. Und manches Mal klagte ich ihr mein Leid. Dabei ging es mir nicht darum, dass ich recht behalten oder mich durchsetzen musste, aber ich wurde wütend, wenn gelogen wurde und irgendwelche Falschinformationen mit Intrigen dafür sorgten, dass viele gute Ideen im Keim erstickt wurden.

Ich hätte im Vorfeld nie gedacht, dass Neonazis in unserer Gegend solche Macht hätten. In einem kleinen schwäbischen Ort mag man den »Dorfnazi« belächeln, hier solidarisierten sich rechtsextreme Gruppen – inzwischen mit der AfD und dem gewaltbereiten »Dritten Weg« – und marschierten uniformiert im Stechschritt durch das Dorf. Damit war nicht zu spaßen!

Vieles bei der Arbeit lief allerdings auch wunderbar. Wie gehofft war die Gruppe ein Segen für die suchtkranken Jugendlichen, viele von ihnen stabilisierten sich und die meisten schafften ihren Schulabschluss. Auch das Konzept der Gottesdienstbesuche ging auf. Wir gingen mit den Jugendlichen in eine Baptistengemeinde in Gera. Wenn dort im Gottesdienst knapp fünfzig Besucher alte Heilsschlager sangen, dann saßen nun zehn Jugendliche dazwischen, die erst einmal nur Bahnhof verstanden. Für die Gemeinde war dies eine ungeheure Herausforderung, denn die jungen Leute waren alles andere als angepasst und einfach. Trotzdem waren und blieben wir willkommen. Auch als Familie besuchten wir diese Gemeinde und mit der Zeit kam hier einiges in Bewegung – in der Gemeinde und bei mir persönlich.

Nach zwei Jahren sollte der Pastor in den Ruhestand gehen. Jetzt stellte sich die Frage nach einem Nachfolger. Der Gemeindeleiter sprach mich an. »Uwe, du bist doch Theologe und hast schon ein paarmal bei uns gepredigt. Könntest du dir vorstellen, hier mit einer halben Stelle als Pastor zu arbeiten?«

Das kam sehr überraschend für mich, denn ich gehörte nicht einmal offiziell zur Gemeinde. Nominell war ich noch Mitglied der Heilsarmee, aber in unserer direkten Umgebung gab es keinen Standort. Christine und ich überlegten und beteten darüber. Meine Gruppe wollte ich auf jeden Fall weiterhin leiten, aber die pädagogische Gesamtverantwortung fürs Heim konnte ich abgeben. So begann ich 2001 zunächst ehrenamtlich und dann ein Jahr später als Pastor der Evangelisch-Freikirchlichen Gemeinde Gera – natürlich wurde ich dann auch Gemeindemitglied. Kurz danach zogen wir auch als Familie nach Gera.

Von nun an hatte ich zwei Stellen: Projektleiter der Suchtgruppe und Pastor der Gemeinde. Es war eine gute Kombination, so konnte ich meine beiden Berufe verbinden und den Aufbau der Gruppe weiterhin begleiten.

Dies blieb allerdings herausfordernd, denn auch wenn ich »meine« Jungs nach außen immer verteidigte, kam es natürlich manchmal zu Rückfällen unter den Drogenabhängigen. Immer wieder rückten Jugendliche aus. Ab und zu ernteten sie auch Blumengärten in der Nachbarschaft ab, wenn sich aus den getrockneten Pflanzen etwas Rauchbares herstellen ließ.

Ein wichtiger Schlüssel für mich persönlich, aber auch für das gesamte Team, wurden regelmäßige Supervisionstermine. Dies erwies sich als extrem hilfreich, um unseren Alltag mit seinen Belastungen und Fehlern unter die Lupe zu nehmen und Dinge zu ändern. Typisch war zum Beispiel, dass ich in der Startphase quasi rund um die Uhr erreichbar war. Diese Startphase war längst vorbei, doch meine dauernde Rufbereitschaft war geblieben, weil ich mich immer noch für alles verantwortlich fühlte, was im Heim geschah. »Warum ändern Sie das eigentlich nicht?«, fragte der Supervisor. »Was können Sie bei einem nächtlichen Notfall beitragen, was die anderen nicht genauso können?« Ich musste nicht lange überlegen: »Gar nichts.« Wenn von da an einer unserer Gäste nachts ausrückte oder eine Überdosis nahm, wurde die Polizei beziehungsweise der Notarzt gerufen und nicht der Chef. Ich konnte mich am nächsten Morgen immer noch darum kümmern.

Von nun an hatte ich zwei Stellen: Projektleiter der Suchtgruppe und Pastor der Gemeinde.

Ein netter Nebeneffekt des Beratungsprozesses war, dass der Supervisor aus Hamburg kam. Einmal im Quartal hatten wir seinen Besuch eingeplant. Da er keinen Führerschein hatte, hätte er mit der Bahn fahren müssen. Als mein Vater dies mitbekam, ergriff er die Gelegenheit und bot ihm an: »Ich fahre dich. Dann sehe ich meine Enkelkinder öfter.« So kam es, dass uns meine Eltern nicht nur ab und zu zusammen besuchten, sondern mein Vater auch einmal im Vierteljahr allein bei uns auftauchte. Das geschah über viele Jahre und es war wunderbar, dass die Kinder auf diese Weise viel von ihrem Opa hatten und Zeit mit ihm verbringen konnten. Außerdem war er handwerklich viel geschickter als ich und erledigte so manche kleine oder große Baustelle bei uns daheim. Die Kinder halfen ihm gern dabei – sie liebten es!

Mein Vater erledigte so manche kleine oder große Baustelle bei uns daheim. Die Kinder halfen ihm gern dabei – sie liebten es!

Dass Helmut, der nicht mein leiblicher Vater war und mit dem ich früher so viel Stress gehabt hatte, jetzt solch ein wunderbarer Vater und ganz natürlich ein guter Opa für unsere Kinder war, war ein echtes Wunder, und ich bin dafür sehr dankbar.

Es bleibt nicht rosarot

Wer seine Frau nicht mehr lieben kann, scheint ein Herzproblem zu haben.

»Wie kann man nur so unterschiedlich sein wie ihr beiden?« Solche und ähnliche Kommentare hören Christine und ich regelmäßig, wenn andere uns näher kennenlernen. Und es stimmt auch – wenigstens teilweise. Unsere Biografien könnten kaum verschiedener sein: Ich bin ein in schwierigen Familienverhältnissen, bildungsfern und ohne Berührungspunkte mit dem Glauben aufgewachsener Norddeutscher mit einer Suchtgeschichte. Christine dagegen wurde schon im Kinderwagen in die Gemeinde geschoben. Geboren wurde sie in Dielsdorf bei Zürich in der Schweiz, aber durch die turnusmäßigen Versetzungen ihrer Eltern an andere Einsatzorte der Heilsarmee zog sie alle paar Jahre um. So war Christine auf der einen Seite sehr bodenständig aufgewachsen, konservativ und mit einem guten Wertefundament, andererseits hatte sie eigentlich nie länger als fünf Jahre an einem Ort gelebt und damit ständig die Schulen und den Freundeskreis wechseln müssen.

Wie sehr sie das geprägt hat, wurde bei ihrem Ja zu meiner Teilzeitstelle als Pastor deutlich: Damals stand nicht nur die Anstellung in der Gemeinde im Raum, sondern wir erhielten gleichzeitig die Möglichkeit, ein bezahlbares Haus in Gera zu kaufen. Christine versprach sich davon etwas Sesshaftigkeit. »Ich möchte nicht, dass unsere Kinder auch dauernd umziehen müssen«, meinte sie. Inzwischen leben wir seit dreiundzwanzig Jahren in Gera.

Als Kind von Heilsarmeeoffizieren war es ihr wichtig, nicht im Gemeindehaus zu wohnen. Mir hätte das erst einmal nichts ausgemacht, aber Christine hatte bei ihren Eltern oft genug erlebt, dass sie dadurch keinen Abstand zum Gemeindeleben bekamen und zu jeder Tages- und Nachtzeit für alles verantwortlich waren, was im Gebäude geschah. Auch die klassische Rolle der Pastorenfrau, die eine Gemeinde quasi umsonst mitanstellt, kam für sie nicht infrage. Sie wollte sich gern ehrenamtlich einbringen, aber auf keinen Fall in irgendwelche Aufgaben hinein zwangsverpflichtet werden. Zunächst einmal wollte sie für die Familie da sein – sie war mit unserem dritten Kind schwanger – und dann irgendwann wieder in ihren Beruf einsteigen.

»Ich möchte nicht, dass unsere Kinder auch dauernd umziehen müssen.«

Durch die Heilsarmee war Christine eine sehr bodenständige und gleichzeitig evangelistische Frömmigkeit gewohnt. Theologische Spitzfindigkeiten spielten dort keine große Rolle, aber – damals noch mehr als heute – sehr stark die Einladung zur Bekehrung und dem anschließenden Gebet auf der sogenannten Bußbank. Manches Mal hätte ich mir gewünscht, auch in solch einem behüteten Umfeld groß geworden zu sein. Es dauerte eine ganze Weile, bis ich erkannte, dass auch bei dieser Prägung nicht alles einfach ist. Wie viele andere Kinder aus christlichen Elternhäusern war Christine als Kind lange nicht sicher, ob sie wirklich errettet war. Diese Sicherheit fand sie erst sehr spät.

> Manches Mal hätte ich mir gewünscht, auch in solch einem behüteten Umfeld groß geworden zu sein.

Die ersten Jahre in Gera waren für uns als Familie sehr stressig. 2003 hatten wir vier Kinder, die Jüngste war gerade zur Welt gekommen, die Älteren waren zwei, fünf und sieben Jahre alt. Übersetzt heißt das: Wir schliefen nie ausreichend und unser Nervenkostüm war sehr dünn. Oft holte uns da unsere unterschiedliche Art zu kommunizieren ein. Als ich eines Abends von der Arbeit nach Hause kam, konnte ich mich nur kurz aufhalten. Ich musste gleich weiterfahren, weil ich noch einen Abendtermin hatte. Schnell stellte ich meine Tasche im Büro ab, sammelte ein paar Unterlagen für die kommende Besprechung ein und ging ins Bad, um mich noch einmal kurz zu rasieren. Durch die Tür fragte Christine: »Musst du schon wieder weg?« Ich hörte allerdings weder ihr Interesse an mir heraus noch ihr Bedürfnis, Zeit mit mir zu verbringen. Stattdessen nahm ich nur ihre Erwartungshaltung wahr und hörte Kritik. »Ich brauche jetzt keinen, der an mir herummeckert«, rief ich in ihre Richtung. Der Streit schaukelte sich hoch und ich feuerte dabei meinen Rasierapparat wütend an die Wand. Er zersprang in tausend Teile. Christine schaute mich völlig entsetzt an. Ereignisse wie dieses spiegelten mir mein impulsives Wesen wider, aber auch meine Art, mit Konflikten umzugehen, die ich aus meiner Familie übernommen hatte. Da waren oft die Fetzen geflogen. Auch wenn bei mir schon vieles heil geworden war, war ich weiterhin auf dem Weg.

Wir durchlitten auch angespannte Zeiten. Typisch dafür ist ein Familienurlaub, den wir in der Bretagne verbrachten. Im Vorfeld hatten wir uns oft gestritten und die heimliche Hoffnung war, dass uns ein gemeinsamer Urlaub mit Abstand zum Alltag guttun würde. Doch die Bretagne brachte uns weder Entspannung noch Frieden.

Ich war mit meiner Arbeit vorher fast fertig geworden, doch ich hatte noch ein paar Projekte, die ich abschließen musste. Deshalb hatte ich den Laptop mit in den Urlaub genommen. Während die anderen einen Ausflug machten oder einfach am Strand die Sonne genossen, saß ich in Frankreich bei der Arbeit. Und nachdem ich die erledigt hatte, wurde ich krank. So hatte sich Christine unseren Urlaub nicht vorgestellt und wir stritten erneut. Irgendwann stand eine unserer Töchter im Zimmer: »O Mann, ist das ein blöder Urlaub. Wollt ihr euch nicht lieber scheiden lassen?« Das tat weh! Aber dieser Schuss vor den Bug half uns, wieder neu zueinanderzufinden.

Wir gingen in den folgenden Urlaubstagen viel zu zweit spazieren und redeten miteinander. »Sag mal, was ist eigentlich mit dir los? Was geschieht gerade mit uns beiden?« Im Gespräch realisierten wir, dass wir gerade nicht auf uns selbst achteten und schon gar nicht aufeinander. Glücklicherweise wurde es doch noch ein schöner Urlaub und keines unserer Kinder sprach danach noch von Scheidung. Wir auch nicht!

»O Mann, ist das ein blöder Urlaub. Wollt ihr euch nicht lieber scheiden lassen?«

Bei aller Unterschiedlichkeit haben wir nie die Achtung voreinander verloren und in unseren Gesprächen merkten wir selbst in den größten Krisen, dass die Liebe uns nicht verlassen hatte. Vielmehr lernen wir – immer noch –, wie viel Kraft darin steckt, nach einem Fehler um Vergebung zu bitten.

Ein häufiger Streitfaktor in Ehen und Beziehungen ist das Geld. Oft braucht ein Partner stärkere Sicherheit als der andere. Da ist einer großzügig und der andere eher sparsam. Da ist einer eher genügsam und der andere gibt viel aus. Das war bei uns nie ein

Problem: Wir brauchen beide nicht viel Geld. Selbst zu den Zeiten, in denen wir nicht besonders gut verdient haben, war es uns immer genug.

Meine beiden Berufe waren jeder auf seine Art anstrengend. Die emotionale Belastung in meiner Arbeit als Pastor hatte ich echt unterschätzt. Predigten und Bibelstunden zu halten, fiel mir leicht. Was man als Seelsorger verarbeiten muss, ist jedoch nicht ohne. Einmal klingelte das Telefon und eine junge Mutter aus der Gemeinde meldete sich weinend: »Uwe, ich habe gerade unser Kind gestillt. Aber jetzt hat es aufgehört zu atmen. Was soll ich nur tun?« Den Notarzt hatte sie bereits verständigt, doch er konnte dem Baby nicht mehr helfen. Ein paar Tage später habe ich dieses Kind beerdigt.

Sehr wohltuend war in all den Jahren, dass Christine und ich die gleichen Werte teilen. Oft ticken wir sehr ähnlich. Einmal brauchte eine dreizehnjährige Vietnamesin für eine Übergangszeit ein Zuhause. Christine und ich schauten uns nur kurz an und uns war klar: »Hier sind wir gefragt.« Das Mädchen zog für ein halbes Jahr zu uns ins Haus, bis sich ein dauerhafter Platz für sie fand. Später werde ich noch mehr darüber berichten.

Diese Gemeinsamkeiten verbinden Christine und mich sehr stark. Es sind wichtige Elemente unseres Lebens, so verstehen wir Gottes Barmherzigkeit. Und dieses Grundverständnis, mit Gott unterwegs zu sein, überbrückt manche Missverständnisse und Unterschiede.

Das Grundverständnis, mit Gott unterwegs zu sein, überbrückt manche Missverständnisse und Unterschiede.

Ich habe nie ein Geheimnis aus den Höhen und Tiefen unseres Familienlebens gemacht. Deshalb erhielt ich eines Tages eine Anfrage aus der Redaktion der Zeitschrift *family*, einen Artikel darüber zu schreiben, wie die Liebe sich äußert, wenn die Schmetterlinge im Bauch verschwunden sind. *Nicht mehr verliebt*, überschrieb ich ihn und stellte darin die neue und tiefere Ebene dar, auf der unsere Zweisamkeit sich inzwischen befand.

Unsere beiden jüngsten Töchter, Livia und Savina, spiegelten uns das damals, als sie Hand in Hand ins Wohnzimmer kamen. Sie hatten sich schön gemacht und liefen im Partnerlook in weißen T-Shirts und rosafarbenen Kleidchen. »Ihr seht ja schön aus«, staunte ich, »seid ihr Zwillinge?« Savina, die Zehnjährige, nahm ihre vierjährige Schwester in den Arm. »Nein, Papa«, erklärte sie mir, »wir sind verliebt.« Livia korrigierte sie jedoch sofort: »Wir sind gar nicht mehr verliebt – wir sind ja schon verheiratet.«

Christine und ich lachten herzlich darüber, doch später griffen wir diesen Gedanken auf. Wie sah es aus mit unserem Verliebtsein nach neunzehn Jahren Ehe? Noch immer zählte ich mit Begeisterung Christines Sommersprossen! Noch immer zog ich die Heimkehr dem Abschied vor. Aber – auch das gehörte zur Wirklichkeit – unsere Gefühle füreinander hatten sich trotzdem verändert. Seltener als früher war unsere Liebe himmelhoch jauchzend, aber auch kaum noch zu Tode betrübt. Sie war unspektakulärer, unaufgeregter und alltäglicher, dafür selbstverständlicher, beständiger und vertrauter.

> Unsere Liebe war unspektakulärer, unaufgeregter und alltäglicher, dafür selbstverständlicher, beständiger und vertrauter.

Beim Sortieren meiner Gedanken und später für den Artikel in der Zeitschrift half mir eine Idee des Philosophen Friedrich Hegel weiter. Er hatte seine Dialektik als dreifaches »Aufgehoben« beschrieben. Eine These und eine Hypothese, so erklärte er, verschmelzen zu einer Synthese, darin sind sie dann »aufgehoben«. Sie gelten nicht mehr, dennoch sind sie Teile der Synthese und sozusagen auf eine höhere Ebene hinaufgehoben. Auch wenn jede Partnerschaft einmalig ist, lässt sich die Entwicklung des »Verliebt – verlobt – verheiratet« ähnlich beschreiben.

Aufgehoben kann bedeuten: »vorbei«. Ein aufgehobenes Verbot ist eine Erlaubnis, eine aufgehobene Erlaubnis ist ein Verbot. Gilt das auch fürs Verliebtsein in der Ehe? Ist es in diesem Sinne irgendwann aufgehoben, also aus, erloschen und vorbei? Durchaus. Das sehnsuchtsvolle Kribbeln und die sprichwörtlichen Schmetterlinge im Bauch waren schon lange nicht mehr der permanente Aggregatzustand unserer Beziehung. Die Nacht, in der sich mein Schatz, ohne ein Auge zuzumachen, auf der Pritsche einer Schweizer Berghütte wälzte, weil wir Schlafsack an Schlafsack lagen, zum ersten Mal so nahe beieinander, diese Nacht blieb uns als schöne Erinnerung. Inzwischen dagegen wurde Christine eher von einem der Kinder oder meinem Schnarchen geweckt …

Aufgehoben kann auch bedeuten: »bewahrt«. Oder, um es mit einem Modebegriff zu sagen, »inklusiv«. Da waren sie dann plötzlich wieder, diese Momente. Wenn sich ein Sonnenstrahl unvermittelt unter eine von Christines Haarsträhnen stahl, wenn wir uns nach einem langen Tag mit einer dampfenden Teetasse zueinandersetzten, wenn eine zärtliche Berührung den erotischen Funken entfachte. Der Flächenbrand der ersten Tage, der alles andere verzehrte, jeden Gedanken reklamierte, war Erinnerung. Die Gelegenheiten zur Zweisamkeit waren seltener, denn fünf Kinder und ein arbeitsreicher Alltag forderten ihren Tribut. Doch der Funke glomm noch. Er wollte gepflegt sein, musste mitunter aktiv angefacht werden, um nicht zu verlöschen. Und was bliebe von der Liebe ohne die verliebten Momente?

Der Funke glomm noch.

Aufgehoben kann schließlich bedeuten: »veredelt«. So hatte Livia es ja auch gemeint, »verheiratet« war für unsere Jüngste die

Steigerungsform von »verliebt«. Wir haben zwei Jahrzehnte miteinander geteilt. Die Kinder getröstet, manche Nacht durchwacht und mehr als einen schweren Verlust beweint. Wir waren glücklich und stolz auf erreichte Etappen, haben uns an den leuchtenden Augen der Kinder gefreut. Wir haben Feste gefeiert und Urlaube genossen. Und wir kannten die kreiselnden Gedankenstrudel, für die es im Kopf keinen »Aus-Knopf« gibt. Wir haben miteinander gebetet – und uns angeschrien. Wir haben den anderen an dem einen Tag als die perfekte Ergänzung erlebt, um uns am nächsten Tag wegen genau der gleichen Eigenschaft keines Blickes zu würdigen. Wir haben geschmollt und hinterher darüber gelacht, wie kindisch vermeintlich erwachsene Leute mitunter sein können. Wir haben gelernt, dass Vergebung keine fromme Floskel, sondern ein Lebenselixier ist. Ein Fundament, das trägt. Wir staunen über Gott und übereinander.

Jeder einzelne Moment gehörte zu uns. Damals konnten wir nicht ahnen, wie tief eine reifende Liebe ihre Wurzeln treibt, wie stark ihre Äste werden und wie viel sie tragen können.

Unsere Ehe hält nun seit achtundzwanzig Jahren. Was für ein Segen das ist, zeigt mir ein Blick auf meine Herkunftsfamilie. Meine Eltern waren geschieden und auch die ersten Ehen meiner Geschwister wurden geschieden. Uns hat Gott getragen und unsere Liebe immer wieder erneuert. Und er hat uns fünf wunderbare Kinder geschenkt: Melissa, Florian, Talitha, Savina und Livia.

Hier im Buch kommen unsere Kinder nur am Rande vor, denn sie haben ihr eigenes Leben und es geht nicht darum, sie als Beispiele für meine Geschichte zu vereinnahmen. Wie schnell so etwas geschehen kann, habe ich im Laufe der Jahre immer wieder gemerkt, etwa bei Beispielen in Predigten oder bei Posts in Social Media. Es ist nicht leicht für Kinder, wenn ihre Eltern Personen des öffentlichen Lebens sind.

Es ist immer wieder eine Frage, wie viel Privates in die Öffentlichkeit gehört, denn man kann die Familie ja auch nicht weglassen. Allerdings entsteht dann auch schnell ein falsches Bild. Einmal begrüßte mich ein Bekannter mit den Worten: »Na, euch geht es wohl immer gut?« Wir hatten uns seit Monaten nicht gesehen und liefen uns bei einer Sitzung über den Weg. Seine Worte irritierten mich. Hätte er mich gefragt, wie es mir ginge, wäre meine Antwort anders ausgefallen: »Nicht so toll. Ich bin zurzeit jeden Abend zu einem Termin unterwegs, muss aber morgens früh mit den Kindern raus und bin ziemlich übermüdet. Auf meinem Schreibtisch liegt mehr Arbeit, als ich schaffen kann. Christine ist gerade unterwegs zu einer Fortbildung, und zu allem Überfluss kämpfe ich mit ein paar sehr belastenden Seelsorgefällen.«

»Na, euch geht es wohl immer gut?«

Daher erkundigte ich mich: »Wie kommst du denn darauf?« Er antwortete: »Ich sehe doch deine Fotos und Einträge bei Facebook: eine strahlende Familie mit wunderbaren Kindern. Glückwunsch! Euch muss es richtig gut gehen.« Mit diesen Worten war er auch schon weitergegangen und ließ mich ziemlich nachdenklich zurück. Gaben wir ein solches Bild nach außen ab? War da mehr Schein als Sein in meinem Leben? Stellte ich etwas dar, was ich in Wirklichkeit gar nicht war? »Nein!«, sagte ich mir selbst. Bei allen Problemen, die vorhanden waren, war dieses Bild meiner glücklichen Familie kein falsches Bild, denn in der Summe war es eindeutig richtig: Ich war zufrieden, glücklich und überreich beschenkt – und ich bin es noch!

Nachdem die Beschränkungen der Coronapandemie beendet worden waren, feierten wir unsere Silberhochzeit nach. Dabei wollten wir nicht nur mit Familie und Freunden Torte essen, sondern uns ganz bewusst noch einmal unter Gottes Segen stellen und unser

Eheversprechen erneuern. Als Christine ihres vorlas, war ich davon so berührt, dass ich meine eigenen Worte nur noch stammeln konnte – und das passiert mir selten. Ich hätte sie direkt geheiratet, wenn wir es nicht schon gewesen wären.

> Ich war zufrieden, glücklich und überreich beschenkt mit meiner Familie – und ich bin es noch!

Auch die Beiträge unserer Kinder, die durchs Programm führten, haben uns sehr berührt. Die Gäste nahmen teil an einem Ratespiel. Eine Frage hieß: »Wie viele der fünf Kinder waren nicht geplant?« Als Florian die Auflösung verriet, dass die Älteste noch nicht und die Jüngste nicht mehr geplant war, stellte er klar: »Nur damit hier keine Missverständnisse entstehen. Es geht um ›geplant‹, nicht um ›gewollt‹. Wir haben zu jeder Zeit gewusst, dass wir alle gewünscht, gewollt und geliebt waren.«

Es war sicher nicht immer einfach für unsere Kinder im stressigen Familienleben. Und es ist nicht einfach, wenn der Vater eine exponierte Rolle einnimmt, da werden die Kinder schnell in »Sippenhaft« genommen, obwohl sie doch eigene Persönlichkeiten sind und selbstständig ihren Weg gehen wollen. Aber was könnte schöner sein, als wenn bei unseren Kindern angekommen ist, dass sie immer gewollt waren und dass wir sie lieben. Das macht mich unendlich dankbar.

Eine Gemeinde für die Stadt

Es gibt so viele Bedenkenträger – das muss eine gute Idee sein.

»Könntest du dir vorstellen, der Vertreter für die Freikirchen im Jugendhilfeausschuss zu werden?«, fragte mich ein Pastorenkollege. Über meine Arbeit im Kinderheim war ich bereits mit der Stadt, ihrem Sozialausschuss, der Arbeitsgemeinschaft Jugend und etlichen politischen Akteuren vernetzt. Das vertiefte sich noch, als ich Pastor wurde. Bei den Freikirchen in Gera gibt es die Besonderheit, dass sie einen Sitz im Stadtjugendhilfeausschuss haben. Das ist eine Folge der Friedlichen Revolution, als insbesondere mein Vorgänger in der Gemeinde, Franz Beutel, sich stark in der Stadt engagierte. Mein Kollege ergänzte noch: »Das ist doch sowieso dein Ding, Uwe.« Er hatte recht. So waren wir in Gera stark politisch vernetzt, ohne dabei auf eine bestimmte Partei fixiert zu sein. Wir suchten die Zusammenarbeit mit den jeweiligen politischen Vertretern unabhängig von deren Parteibuch.

Unser Gemeindeengagement für Flüchtlinge und gegen rechtsradikale Gruppierungen brachte uns darüber hinaus an den »Runden Tisch für Toleranz«. Mein Ansatz war immer, praktische

Lösungen für die Menschen vor Ort zu finden, und zwar unabhängig von irgendwelchen parteipolitischen Rücksichtnahmen.

Einmal bekamen wir im Jugendkreis der Baptistengemeinde ein Drogenproblem. Zwei dreizehnjährige Roma-Jungen aus Rumänien besuchten unsere Jugendarbeit und nutzten sie als Plattform, um dort Drogen zu verkaufen. Sobald ich etwas davon mitbekam, schnappte ich sie mir und setzte sie vor die Tür. Wahrscheinlich hatte ihr großer Bruder sie geschickt, weil die beiden noch nicht strafmündig waren. Die Polizei hatte also keine Handhabe. Beim nächsten Treffen des Runden Tischs wollte ich darüber sprechen: »Finden wir hier eine gemeinsame Lösung, wie wir ihnen helfen und die anderen Jugendlichen schützen können?«

Leider war das nicht möglich. Sobald das Wort »Roma« gefallen war, warf man mir vor, dass ich alle Roma unter Generalverdacht hätte, weil ich selbst ein verkappter Nazi wäre. Der völlig absurde Vorwurf zeigte leider deutlich, dass es im rechten wie im linken Spektrum sehr ideologielastig zugeht. Es scheint einfacher, auf Schlüsselworte zu reagieren und in Schubladen zu denken, statt nach einer Lösung zu suchen. Doch wie soll man Probleme bei der Integration lösen, wenn man sie nicht beim Namen nennen darf?

Doch wie soll man Probleme bei der Integration lösen, wenn man sie nicht beim Namen nennen darf?

Insgesamt war die Arbeit in meinen verschiedenen Bereichen jedoch erfüllend, es ließ sich viel bewegen. Mein Engagement im Kinderheim fuhr ich langsam, aber sicher herunter. Erziehungsleiter war ich bereits nicht mehr und auch die Wohngruppe mit den suchtkranken Kindern war ausreichend etabliert und mein angehender Nachfolger arbeitete sich immer besser ein. Nach fünf Jahren gab ich die Arbeit in seine Hände.

Nun stellte sich die Frage: Sollte ich mich in Zukunft ganz auf die Arbeit als Pastor beschränken? Die Gemeinde wuchs, eine volle Stelle wäre möglich gewesen.

Ein Telefonanruf eröffnete mir hier eine neue Perspektive. Der Leiter des Fachbereichs Soziale Arbeit unserer örtlichen Berufsakademie (heute Duale Hochschule Gera/Eisenach) meldete sich bei mir. Seit Jahren hatten wir Studierende für ihren Praxisteil in unserer Einrichtung angestellt. Das war immer ein gutes Miteinander und ich freute mich über diese jungen Menschen. Jetzt hatte der Professor ein dringendes Anliegen: »Uwe, ich habe ein Problem. Bei uns ist ein Dozent ausgefallen, der Sozialethik unterrichtet. Das ist doch dein Gebiet, oder? Könntest du da einspringen und das Fach übernehmen?«

Mich reizte es, mich noch einmal tiefer mit Themen auseinanderzusetzen, die mir sowieso am Herzen lagen. Und ich mochte den Austausch mit den Studierenden – aus den engagierten Debatten mit ihnen ließ sich sehr viel lernen. »Ich kann es mal versuchen«, antwortete ich, »ist ja auch nur übergangsweise.« Tatsächlich dauerte dieser Übergang zehn Jahre, denn der ausgefallene Dozent kam nicht wieder zurück. So unterrichtete ich nebenbei an der Berufsakademie, zunächst Sozialethik, später kamen philosophische Grundlagenfächer (Einführung und Hermeneutik), Wirtschaftsethik und Drogen- und Suchtarbeit dazu. Daneben führte ich Seminare an Bibelschulen und in Kirchgemeinden durch. Diese Freiberuflichkeit wurde für einige Jahre mein zweites Standbein.

Ich war noch nicht besonders lange in der Baptistengemeinde, als wir in eine echte Krise schlitterten. Es gab Konflikte in der Gemeindeleitung und das löste viele Fragen aus: Lag es an mir, an meiner Art? An meiner fehlenden Erfahrung? Tatsächlich hatte ich einen Anteil an diesen Problemen, denn ich war entscheidungsfreudig und ging offene Fragen sehr direkt an. Im Nachhinein muss ich sagen: Da war ich sicher mitunter zu schnell. Doch dies war nur der kleinere Teil der Schwierigkeiten. In der Vergangenheit waren Meinungsverschiedenheiten ungeklärt geblieben und nun entzündeten sich Probleme, die im Untergrund schon lange geschwelt hatten.

> Ich war noch nicht besonders lange in der Baptistengemeinde, als wir in eine echte Krise schlitterten.

Wir schalteten einen Supervisor ein, einen Pastor und Psychologen, der die Gemeinde als externer Berater gut begleitete. Leider konnte auch er nicht verhindern, dass eine Gruppe aus der Gemeinde austrat. Das ging mitten durch Familien und Freundschaften hindurch, es war extrem schmerzhaft und kostete viel Vertrauen. Eine Lehre für uns in der neuen Gemeindeleitung war, regelmäßige Beratung durch einen Supervisor in Anspruch zu nehmen. Viele Prozesse in der Gemeinde werden erst durch einen Blick von außen erkennbar.

Christine litt in dieser Zeit doppelt. Einerseits war sie durch mich und ihr eigenes Engagement in der Gemeinde direkt an den Konflikten beteiligt, andererseits fürchtete sie, dass dies das Ende unserer Zeit in Gera sein könnte, und dabei wollten wir doch sesshaft werden. Auch an mir gingen die Schwierigkeiten nicht spurlos vorbei. Ich hatte früher schon einmal mit allergischem Asthma zu tun gehabt, jetzt trat es wieder auf. Wenn ich eine Treppe hinaufging, schnaufte ich wie nach einer Höchstleistung. Immer wieder hatte ich Beklemmungen und bekam einfach keine Luft. Als meine Hausärztin mir ein Asthmaspray verschrieb, ermahnte sie mich: »Das lindert etwas, aber es löst nicht das Problem. Sie brauchen Bewegung an der frischen Luft und vor allem weniger Stress.« Gott sei Dank klärte sich die Lage, und auch meine Berufung als Pastor wurde erneuert.

In dieser Zeit traf ich Frank Heinrich wieder. Er lebte inzwischen in Chemnitz – eine knappe Autostunde von Gera entfernt – und leitete dort die Arbeit der Heilsarmee. Wir mochten uns und gingen beide gerne in die Sauna. Daraus entwickelten wir eine Gewohnheit: Einen Nachmittag pro Monat reservierten wir für die Sauna. Nach dem gemeinsamen Schwitzen entspannten wir auf den Liegen, tauschten uns aus und beteten miteinander. Frank trieb damals ein Gedanke um: »Ich will nicht nur die entstandenen Schäden bei betroffenen Menschen reparieren, sondern die politischen Rahmenbedingungen verändern, damit es gar nicht erst dazu kommt.«

2008 trat er in die CDU ein. Seine Partei suchte damals einen Kandidaten für die Bundestagswahl, denn in der Vergangenheit hatte sie regelmäßig ein Direktmandat verfehlt. Von seinem Profil passte Frank perfekt zu dieser Aufgabe: Er war stadtbekannt, stand für bürgerliche und soziale Werte und verkörperte einen Neuaufbruch. Tatsächlich wurde er nominiert und kandidierte 2009 in Chemnitz für den Bundestag. Als Freund engagierte ich mich ehrenamtlich in seinem Wahlkampfteam. Für viele überraschend gewann Frank die Wahl und bot mir im Anschluss einen Arbeitsplatz an: als Referent für Menschenrechte und Öffentlichkeitsarbeit in seinem Team. Mit Begeisterung sagte ich zu. Es war eine halbe Stelle, eine Woche im Monat war ich in Berlin, eine zweite im Homeoffice in Gera.

Drei Halbtagsstellen waren jedoch zu viel. Ich hätte unmöglich in Berlin bei Frank Heinrich arbeiten und meine übrigen Tätigkeiten beibehalten können. So reduzierte ich: Ich blieb zu fünfzig Prozent als Pastor in unserer Gemeinde in Gera, aber ich beendete meine freiberufliche Tätigkeit als Dozent an der Berufsakademie.

Nach dem herausfordernden Klärungsprozess in der Gemeinde wuchs die Arbeit. Familien zogen her, besuchten unsere Gottesdienste und fühlten sich zu Hause. Menschen kamen zum Glauben. Wir waren nicht länger eine traditionelle Baptistenkirche, sondern lebten unseren Glauben offensiv in die Stadt hinein. Zu dieser neuen Qualität von Gemeindearbeit gehörte es, dass wir aktiver in der Region wurden, uns auch sozial engagierten und uns über die Jugendhilfe hinaus in die Kommunalpolitik einmischten. Das war nicht nur mein Anliegen, sondern von den Gremien der Gemeinde so gewollt. Schon als sie mich anstellten, begannen wir, gemeinsam zu überlegen, wie wir uns in die Gesellschaft und den Ort einbringen könnten. »Suchet der Stadt Bestes«, nannte der biblische Prophet Jeremia dieses Prinzip (Jeremia 29,7). Also suchten wir mit. Bei einer Klausurtagung als Gemeindeleitung fanden wir verschiedene Ansätze.

Damals betrug die Arbeitslosenquote in Gera achtzehn Prozent. »Die Zahlen sind dramatisch – und die Schicksale dahinter erst. Was können wir tun?« Schnell lagen erste Ideen auf dem Tisch. »Wir können Arbeitssuchende bei ihren Bewerbungen unterstützen, das Jobcenter ist da überfordert.« »Wir können selbst Arbeitgeber werden.« »Wie denn das?« »Na, zum Beispiel als Überbrückung mit ABM-Stellen bei uns im Gemeindezentrum.« »Außerdem können wir Unternehmer in unserem Umfeld dazu ermutigen, Leute einzustellen.«

Keine dieser Ideen war neu, aber wir redeten nicht nur darüber, sondern wir setzten sie Stück für Stück um.

Keine dieser Ideen war neu, aber wir redeten nicht nur darüber, sondern wir setzten sie Stück für Stück um und trugen damit ein kleines bisschen dazu bei, die Situation in der Stadt zu verbessern.

Daneben vereinbarten wir mit unserem Leitungsteam Besuche bei städtischen Politikern und Landtagsabgeordneten. Wenn wir bei ihnen im Büro ankamen, hatten die meisten sich darauf eingestellt, dass wir mit einem Forderungskatalog auftauchen oder wenigstens einen Wunschzettel dabeihaben würden. Stattdessen fragten wir: »Was können wir als Kirchengemeinde Gutes für Sie tun? Haben Sie ein Anliegen, bei dem wir Sie unterstützen können? Und dürfen wir für Sie beten?«

Gebet war überhaupt ein wichtiger Schlüssel. Zusammen mit Christen aus anderen Kirchen und Gemeinden trafen wir uns regelmäßig, um für unsere Stadt zu beten. »Hoffnung für Gera« war unser gemeinsames Motto. Das war damals bitter nötig. Die Wende war noch nicht lange her. Bis dahin waren in der Umgebung von Gera Wismut und Uran gefördert worden – das war jetzt nicht mehr rentabel. Politiker, Unternehmer und Mitarbeiter der Treuhandanstalt sprachen viel von »Umstrukturierung und Freisetzung von Mitarbeitenden«, aber alle schön klingenden Begriffe konnten nicht darüber hinwegtäuschen, dass hier in wenigen Jahren fünfunddreißigtausend Stellen abgebaut wurden. Die Stadt Gera schrumpfte seit längerer Zeit, von den früher hundertdreißigtausend Einwohnern waren trotz massiver Eingemeindung umliegender Dörfer keine hunderttausend mehr übrig. Da hatte einer aus unserem Gebetskreis den Eindruck von Gott, dass das Schrumpfen jetzt beendet wäre. Er zitierte dazu eine Aussage aus dem Alten Testament, die Jesaja über Jerusalem prophezeit hatte: »Man soll dich nicht mehr nennen ›Verlassene‹« (Jesaja 62,4). War das real? Sollte es tatsächlich zu einer Trendwende kommen?

Kurz darauf schrieb ich für unsere Lokalzeitung ein »Wort zum Sonntag« und nahm diesen Gedanken auf. Eine Redakteurin las ihn und machte sich direkt in einem Kommentar darüber lustig. Im nächsten oder übernächsten Jahr wuchs die Einwohnerzahl aber tatsächlich zum ersten Mal seit langer Zeit, worauf dieselbe Redakteurin sich an den damaligen Artikel erinnerte und sich korrigierte: »Niemand hätte es für möglich gehalten, dass Gera noch einmal wächst, außer der Evangelisch-Freikirchlichen Gemeinde …« Seitdem ist die Einwohnerzahl übrigens ziemlich konstant geblieben.

In der Gemeindearbeit spielte das gesellschaftliche Engagement eine immer größere Rolle. Wir engagierten uns für den Erhalt des städtischen Jugendklubs und öffneten die Türen unseres Grundstücks für das Projekt »Offener Garten«, bei dem wir drei über den Europäischen Sozialfonds geförderte Arbeitsplätze schaffen konnten. In unseren Räumen entstand eine freie christliche Schule. Kurz nach meinem Abschied gründete die Gemeinde eine eigene Kita und übernahm den städtischen Jugendklub als Träger.

War das real? Sollte es tatsächlich zu einer Trendwende kommen?

In Gera politisch aktiv zu sein, hieß immer auch, Zeichen gegen Rechtsextremismus zu setzen. Einmal wurde ein Aufmarsch der NPD genehmigt, der genau an einem Asylbewerberheim vorbeiführen sollte. Die Gefahr war groß, dass hier »zufällig« etwas passieren würde. Als Kirchen der Stadt halfen wir, eine Menschenkette zu organisieren, um uns zwischen Asylbewerber und Rechte zu stellen. Ich war stolz darauf, dass meine Kinder gern mitmachten – es war ihnen wichtig! –, gleichzeitig erlebten sie dabei das menschenverachtende Vorgehen dieser Gruppen hautnah. Um die Familien in der Wohneinrichtung von den hasserfüllten Marschierern abzulenken, organisierten wir eine Hüpfburg und veranstalteten hinter dem Haus ein Spielprogramm für die Kinder, während vorne auf der Straße »Deutschland den Deutschen« und andere Parolen skandiert wurden.

Man könnte darüber jammern, doch schon mein Vorgänger als Pastor wählte lieber die andere Möglichkeit: Alternativen schaffen. So gründete er schon vor Jahren den »Freundeskreis für Flüchtlinge«

mit, in dem sich viele aus der Gemeinde engagieren. Er selbst ist inzwischen weit über achtzig und dort immer noch im Vorsitz aktiv.

Ein guter Freund wurde mir der Stadtjugendpfarrer der evangelischen Kirche, Michael Kleim. Als Dissident hatte er zu DDR-Zeiten Benachteiligungen und Bespitzelungen erlebt, was ihn zu einem mutigen Kämpfer für die Menschenrechte machte. Er erlebte viele Anfeindungen und bekam sogar Morddrohungen über die inzwischen verbotene rechtsextreme Plattform *Altermedia*. Das brachte ihn an seine gesundheitlichen Grenzen, aber es brach ihn nicht.

Weil ich mich regelmäßig politisch einsetzte, kam einmal eine Redakteurin der *Ostthüringer Zeitung* auf mich zu. In der nächsten Ausgabe sollte es um die Frage gehen: »Sollen wir Flüchtlinge aufnehmen, ja oder nein?« Sie suchten noch jemanden, der die Pro-Seite vertrat. Das tat ich gern. Am Tag, als die Zeitung erschien, hatte ich einen Termin bei meiner HNO-Ärztin. Die Zeitung lag bei ihr auf dem Schreibtisch, als ich das Sprechzimmer betrat, und sie blickte mich entsetzt an. »Herr Heimowski, sind Sie eigentlich verrückt? Sie haben fünf Kinder. Haben Sie keine Angst, dass denen auf dem Schulweg mal was passiert?« Offensichtlich nahm sie mein Statement gegen rechts als Gefährdung für unsere Familie wahr.

Damals waren noch keine Politiker für ihre Haltung ermordet worden, aber die Stimmung kippte bereits in diese Richtung – heute haben Sätze wie die meiner Ärztin noch eine andere Brisanz. Gewalt, ob von links oder rechts, ist einfach kein politisches Mittel. Bei aller berechtigten Kritik an linken Gruppierungen wie der Antifa zeigt sich, dass das größere Gewaltpotenzial von der rechten Szene ausgeht. Meiner Meinung nach müssen wir hier als Christen klar widersprechen, gerade weil diese Gruppen einige konservative Themen ansprechen, mit denen sie uns durchaus triggern und versuchen, Christen für sich zu gewinnen.

Nehmen wir das Thema Abtreibung. Die AfD sprach sich 2021 als einzige Partei in ihrem Wahlprogramm dagegen aus. Für viele Lebensschützer boten sie sich damit als Alternative zur liberaleren Haltung anderer Parteien an. Doch zeigt ein Blick auf verschiedene Anfragen der AfD-Bundestagsfraktion, in denen sie etwa nach der Zahl von »Inzucht«-Schwangerschaften bei syrischen Flüchtlingen fragte, dass es für sie in erster Linie um die Abtreibung »deutscher Kinder« ging. Für einen Christen darf es jedoch keinen Unterschied geben: Jeder Mensch hat das gleiche Recht, zu leben, weil er ein Geschöpf Gottes ist, mit gleicher Würde und gleichen Rechten.

Unsere Gemeindearbeit wurde in diesen Jahren zwar gesellschaftlich relevanter, aber das bedeutet nicht, dass sie nur noch politisch aktiv war oder so wahrgenommen wurde. Tatsächlich erlebten wir damals immer wieder, wie Menschen zum Glauben fanden, manchmal auf seltsamen Umwegen. Eine Frau bekam Besuch von den Zeugen Jehovas und erhielt von ihnen eine Bibel. Sie las in diesem für sie völlig unbekannten Buch und war begeistert davon, von den Zeugen Jehovas selbst allerdings weniger. Deshalb suchte sie im Internet nach anderen Gemeinden in Gera und stieß auf unsere. Sie war ein paarmal im Gottesdienst, besuchte einen Alpha-Kurs, kam zum Glauben und brachte dann Freundinnen und Bekannte mit.

Diese Aufbruchsstimmung übertrug sich auch auf die Leute, die schon lange in der Gemeinde waren. Bei den nächsten Wahlen zur Gemeindeleitung wurde zum ersten Mal eine Frau gewählt – früher wäre das undenkbar gewesen, jetzt war es völlig normal. Kurz nach ihrer Wahl zur Ältesten erhielt sie den Anruf einer Kranken aus der Gemeinde. »Es gibt doch diese Bibelstelle im Jakobusbrief, nach der man die Ältesten zum Beten einladen kann, wenn man krank ist – das würde ich gern machen. Aber ich möchte nicht mit einem Mann über meine Krankheit reden. Kommst du einmal bei mir vorbei?« Als Neue in der Gemeindeleitung hatte sie noch keinerlei Erfahrung mit dem Krankengebet und meldete sich deshalb zunächst bei mir. »Was meinst du, Uwe? Soll ich das machen? Und wie geht das eigentlich?« Wir sprachen darüber, und ich erklärte ihr, wie man Kranke mit Öl salben kann. Sie besuchte die Frau, die an ihrer Krebsdiagnose verzweifelte, und betete für sie – und sie wurde tatsächlich gesund. Sicher sind Wunder die Ausnahme und nicht die Regel, und auch in einer Gemeinde, in der man für Kranke betet, sind Heilungen kein Alltag. Doch sie geschahen – auch in unserer Gemeinde. Und sie unterstreichen, welch eine Aufbruchsstimmung damals herrschte.

Zwischen Kirche und Politik

Mancher meint, christlicher Glaube ließe sich eins zu eins in Politik umsetzen. Doch leider steht Jesus nicht auf dem Wahlzettel.

Kommunalpolitisch markierte das Jahr 2011 für mich einen Wendepunkt. Es war einfach dran, noch aktiver zu werden. Der Oberbürgermeister, den wir in Gera seit 2006 hatten, hatte vonseiten der Stadt die Kontakte zu den Kirchen auf ein Minimum reduziert. Vorher hatte es einen regelmäßigen Austausch zwischen dem Oberbürgermeister und der Arbeitsgemeinschaft christlicher Kirchen gegeben, jetzt waren wir von allen Entscheidungsprozessen in der Stadt abgeschnitten und wurden nicht mehr gehört. »Ich sehe einfach keinen Sinn darin« war der einzige Kommentar des Politikers.

> Sie besuchte die Frau, die an ihrer Krebsdiagnose verzweifelte, und betete für sie – und sie wurde tatsächlich gesund.

Eines Abends traf ich mich mit einem Bruder aus der Gemeindeleitung der Freien evangelischen Gemeinde. Wir malten ein düsteres Bild von der Zukunft. »Offensichtlich hat er persönlich schlechte Erfahrungen gemacht.« »Ja, und außerdem will er sich bei den Atheisten in seinem Linksbündnis profilieren.« »Wahrscheinlich gelingt ihm das auch noch – nächstes Jahr sind wieder Kommunalwahlen.« »Und geeignete Gegenkandidaten gibt es nicht.« Wir schauten uns an und ärgerten uns über die negative Perspektive. »Es ist aber bestimmt keine christliche Tugend, hier zu sitzen und uns gemeinsam zu ärgern«, stellte der Bruder fest. »Stimmt, was können wir tun?« Zunächst hatten wir keine zündende Idee, also beteten wir. Und wir beteten noch einmal. Schließlich kristallisierte sich ein Plan heraus. Wir wollten mitmischen und riefen für die nächste Kommunalwahl eine Kampagne im Internet ins Leben: »www.gera-2012.de – eine Stadt sucht einen Oberbürgermeister«.

Auf dieser Website gab es drei große Rubriken:

1. *Wen kann ich mir gut als Oberbürgermeister vorstellen?* Hier durften alle Bürgerinnen und Bürger Vorschläge einreichen.
2. *Was gefällt mir nicht an unserer Stadt?* Hier war Kritik möglich.
3. *Wie kann diese Stadt einen Schritt vorwärtskommen?* Hier ging es darum, eine gemeinsame Zukunftsperspektive zu entwickeln. Unser Ziel war es, einen unabhängigen Kandidaten ins Rennen zu schicken.

Zum Start der Kampagne luden wir zu einer Pressekonferenz ein, um die Idee dahinter vorzustellen. Aber wir hatten ehrlich gesagt ziemliche Zweifel: Wer waren wir denn? Wen sollte es interessieren? Gera ist eine Großstadt und gerade mal einer von tausend Einwohnern war Mitglied unserer beiden Kirchengemeinden.

Es war Freitagnachmittag und die Pressekonferenz sollte gleich beginnen. Immerhin hatte uns ein Mitarbeiter der *Ostthüringer Zeitung* zugesagt. Wir fürchteten, er könnte der einzige Reporter bleiben, doch plötzlich fuhr ein Auto nach dem anderen vor. Es kamen Journalisten von der ZEIT, vom Deutschlandfunk, von der FAZ, vom MDR und Vertreter aller sonstigen lokalen Blätter. Es wurde ein Riesending!

In der *Ostthüringer Zeitung* bekamen wir daraufhin eine feste Seite. Jede Woche konnten wir über die vorgeschlagenen Kandidaten berichten, die wir alle anfragten, obwohl manche davon ziemlich absurd waren. So wurde zum Beispiel Friedrich Merz vorgeschlagen. Der ehemalige Vorsitzende der CDU-Fraktion war seit 2009 nicht mehr im Bundestag, sondern arbeitete wieder als Anwalt. Ich schrieb ihn an und er antwortete sehr freundlich: »Sehr geehrter Herr Heimowski, danke für Ihre Anfrage. Sie können sich vorstellen, dass meine Lebensplanung derzeit kein Oberbürgermeisteramt in Thüringen vorsieht. Ich finde allerdings das Projekt der Bürgerbeteiligung am Auswahlverfahren sehr spannend. Vielleicht können wir einmal dazu telefonieren.«

Wer waren wir denn? Wen sollte es interessieren?

Das taten wir. Er fand die Idee in keiner Weise lächerlich, sondern nahm sich eine Stunde Zeit, um zu hören, wie das Projekt lief. Er freute sich, dass hier Bürger aktiv wurden, und hatte sogar noch den einen oder anderen wertvollen Tipp für unsere Kampagne.

Natürlich fragten wir nicht nur Prominente an, aber egal, wo ich anrief oder wen ich anschrieb: Die Initiative »Gera 2012« wurde bei den allermeisten positiv wahrgenommen. Trotzdem erhielten wir durchgängig Absagen. Auf der Website selbst mussten wir irgendwann die Kommentarfunktion schließen. Es kam zehn-, wenn nicht zwanzigmal mehr Kritik als konstruktive Vorschläge. Auch die Formulierungen waren oft völlig daneben. Es war ein Vorgeschmack auf das, was uns in den sozialen Medien mittlerweile täglich begegnet, und mich hat das damals echt erschüttert.

Irgendwann kristallisierte sich eine Favoritin heraus: Immer wieder wurde Viola Hahn genannt. Die Leiterin des Finanzamtes Gera war parteilos, früher einmal war sie in der SED gewesen. »Das war ein klarer Fehler«, meinte sie dazu, »den mache ich nicht noch einmal. Ich werde nirgendwo mehr Parteimitglied.« In unserem Gespräch erklärte sie tatsächlich ihre Bereitschaft zu kandidieren – aber nur, wenn dies von einem breiten Bündnis getragen würde, auch finanziell, denn ein OB-Wahlkampf kann mehrere Zehntausend Euro kosten.

Mit dieser Zusage stiegen wir in die nächsten Gesprächsrunden ein. Tatsächlich sprachen sich mehr oder weniger alle Parteien und Gruppen, die nicht hinter dem alten Oberbürgermeister standen, für unsere Kandidatin aus und nominierten sie schließlich gemeinsam für die Wahl zur Oberbürgermeisterin. Damit war »Gera 2012« ein Stück gelebte Basisdemokratie.

Der amtierende Oberbürgermeister und seine Unterstützer nahmen dieses Bündnis auf die leichte Schulter. Ihrem Eindruck nach war ihre Gegnerin, die auf dem politischen Parkett überhaupt keine Erfahrungen hatte, schlicht chancenlos.

Am Wahltag kam es zur großen Überraschung: Unsere Kandidatin erhielt wesentlich mehr Stimmen als prognostiziert und kam damit in die Stichwahl. Vor dem zweiten Wahlgang lud mich ein lokaler Fernsehsender ein, unsere Kandidatin vorzustellen, während ein Grünen-Politiker und langjähriges Mitglied im Stadtrat etwas zur Unterstützung des bisherigen Oberbürgermeisters sagen sollte. Anschließend führten wir ein Streitgespräch über kommunale Projekte, die unsere jeweiligen Favoriten umsetzen wollten. Weil ich bisher auf der politischen Bühne kaum größer in Erscheinung getreten war, nahm mich mein Gegenüber nicht ernst. Ich dagegen hatte mich akribisch vorbereitet. So fielen dann auch die anschließenden Reaktionen aus: »Wer war denn dein Gegenüber,

Uwe, der war ja überhaupt nicht aufs Gespräch vorbereitet?« »Also was du gesagt hast, das hat mich überzeugt. Meine Stimme habt ihr.«

In der Stichwahl setzte sich Viola Hahn mit 59,7 gegenüber 40,3 Prozent der Wählerstimmen deutlich durch. Sie hatte die Wahl gewonnen! Und ich war um die Erfahrung reicher: Man kann politisch etwas erreichen.

> Weil ich bisher auf der politischen Bühne kaum größer in Erscheinung getreten war, nahm mich mein Gegenüber nicht ernst. Ich dagegen hatte mich akribisch vorbereitet.

Daraufhin änderte sich das Klima vor Ort deutlich. Die neue Oberbürgermeisterin führte den regelmäßigen Dialog mit den Kirchen und Religionsgemeinschaften wieder ein. Eine sichtbare Folge davon war, dass Geras anstehende 777-Jahr-Feier mit einem gemeinsamen Festgottesdienst begonnen wurde. Wertvoll war bei unseren Treffen der Austausch über anstehende Themen im Stadtparlament. Hier waren wir Kirchen wieder eine starke Stimme und konnten uns konstruktiv einbringen.

Als die christliche Schule, für die es in unserem Gemeindehaus langsam zu eng wurde, einen Neubau plante, ermöglichte Viola Hahn es, dass die Stadt ein Grundstück zum Kauf anbot. Das war vorher undenkbar gewesen. In Fragen wie dieser ging es nicht um ein Bevorzugen christlicher Gemeinschaften, sondern wir wollten als Teil des Gemeinwesens endlich überhaupt wieder vorkommen und Gehör finden. Das geschah jetzt.

Für mich persönlich hatte Viola Hahns Wahlsieg noch weitere Folgen. Sie wurde zwar als Oberbürgermeisterin direkt gewählt, hatte aber im Stadtrat keine stabile Mehrheit. So kam sie zu mir: »Herr Heimowski, Sie haben mich überredet, als Oberbürgermeisterin anzutreten. Das habe ich gemacht. Jetzt ist die Reihe an Ihnen.

Ich brauche Rückhalt im Stadtrat – lassen Sie sich doch aufstellen und wählen.«

Dazu konnte ich kaum Nein sagen, aber welcher Partei sollte ich mich anschließen? Eigentlich war ich eher ein Wähler von SPD und Grünen. Die kamen hier vor Ort jedoch für mich nicht infrage, weil sie das Lager des vorigen Oberbürgermeisters bildeten. Mit der CDU hatte ich zwar einige Schnittmengen, besonders wo es ums christliche Menschenbild ging, aber ich fremdelte mit ihrem Umgang mit einigen sozialen Themen. Trotzdem suchte ich das Gespräch mit dem Vorsitzenden der Stadtratsfraktion. »Kann ich nicht als Parteiloser für Sie kandidieren?« »Bis vor Kurzem war das möglich, aber wir haben damit zweimal nacheinander schlechte Erfahrungen gemacht, die Parteilosen wurden auf das Ticket der CDU gewählt und haben nach der Wahl die Fraktion verlassen. Das passiert uns nicht noch einmal. Wenn Sie mit uns kandidieren wollen, dann müssen Sie in die Partei eintreten.«

Das musste ich erst einmal mit meiner Gemeinde abklären. Konnte ich als Pastor überhaupt in einer Partei sein? Natürlich waren wir als Gemeinde für Menschen aller politischen Couleur offen, und das sollte sich auch nicht ändern. Wäre meine Mitgliedschaft in der CDU hier ein Problem? »Uwe, wenn du damit kein Problem hast, haben wir auch keines« war die Antwort. »Außerdem ist durch die Aktion Gera 2012 sowieso allen klar, wo du stehst und wo du nicht stehst.« Die Gemeindeleitung wusste, dass ich die Kanzel nie zur politischen Bühne umfunktionieren würde. Außerdem waren wir dafür bekannt, mit politischen Verantwortungsträgern aus allen Parteien zu sprechen.

»Wenn Sie mit uns kandidieren wollen, dann müssen Sie in die Partei eintreten.«

Also besuchte ich den Vorstand der örtlichen CDU und beantragte meine Mitgliedschaft. Dabei unterstrich ich direkt: »Ich werde sehr bewusst Mitglied in der CDU, nicht in der KDU. Ich suche keine konservative Union, sondern eine christliche. Dieses C bedeutet für mich, dass ich bei der Diskussion um Familienthemen oder Abtreibung sehr konservativ sein werde, Themen wie die Flüchtlingsfrage sehe ich allerdings viel progressiver, denn in meiner Bibel steht: ›Darum sollt ihr auch die Fremdlinge lieben‹ (5. Mose 10,19). Da werde ich zur Not auch mit dem politischen Gegner stimmen.«

Damit waren alle einverstanden und ich trat ein. Im folgenden Jahr ließ ich mich zur Wahl des Stadtrats aufstellen. Es war schon eine merkwürdige Erfahrung, als ich mich selbst von Plakaten in der Stadt her anlächelte. Meinen Kindern war es eher peinlich …

Der Wahlkampf zeigte mir Seiten unseres Politikbetriebs, über die ich mir vorher noch nie Gedanken gemacht hatte. Mir war zum Beispiel nicht bewusst gewesen, dass ich als Kandidat meine Wahlkampfkosten aus eigener Tasche bezahlen musste. Auch wenn es nur um eine Stadtratswahl ging, bedeutete das für mich Ausgaben in Höhe von fünftausend Euro, die ich nicht »mal eben so« übrig hatte.

Viele Kandidaten machen sich deshalb auf die Suche nach Finanzquellen. Das blieb mir erspart, denn ein Sponsor meldete sich direkt bei mir, als er von meiner Kandidatur erfuhr. Der Unternehmer aus Gera lud mich zum Kaffeetrinken ein, und während er Milch und Zucker in seinen Kaffee rührte, verkündete er: »So ein Wahlkampf kostet richtig Geld. Ich kann Ihnen fünftausend Euro dafür zur Verfügung stellen.« Ich wandte ein: »Wie ich Sie bisher wahrgenommen habe, liegen wir beide politisch nicht immer auf einer Linie. Natürlich würde es mich freuen, wenn Sie mich sponsern, aber Sie müssen wissen, dass ich politisch das vertreten werde, was ich für richtig halte, und nicht das, was Sie möchten.« In dem Moment begann er lauthals zu lachen, legte seinen Kaffeelöffel hin und strahlte mich an: »Und genau deswegen möchte ich Sie gern unterstützen. Wir brauchen hier unabhängige Denker.« Was für ein Geschenk. Damit hatte ich ausreichend Geld zur Verfügung. Der Unternehmer hielt übrigens Wort: Nie hat er einen politischen »Gefallen« von mir eingefordert.

Nun war ich in der Stadt durch die Aktion Gera 2012 einigermaßen bekannt geworden und kein unbeschriebenes Blatt mehr, trotzdem nutzte ich den Wahlkampf und suchte das Gespräch mit den Menschen, stellte mich und meine Ideen vor. Vor allem im Bildungs- und Sozialbereich wollte ich mich engagieren. Am Wahltag stellte sich schnell heraus, dass sich der Aufwand gelohnt hatte. Von den Neulingen auf der politischen Bühne war ich derjenige mit den meisten Stimmen und zog damit als eine von dreiundvierzig Personen in den Stadtrat ein.

Wenn Wikipedia heute über mich schreibt, dass ich Erzieher, Dozent und Politiker war, dann klingt mein Engagement im Stadtrat nach einem bezahlten Beruf. Wie die meisten Stadträte in Deutschland nahm ich diese Aufgabe allerdings im Ehrenamt wahr. Unterm Strich bedeutete das, dass ich von meiner monatlichen Aufwandspauschale von zweihundertdreißig Euro erst einmal meinen Fraktions- und Parteibeitrag bezahlte und sie außerdem komplett versteuerte. Das musste als Entgelt für ein Dutzend Sitzungen und zahlreiche kleinere und größere Aufgaben reichen.

Wer sich in der Kommunalpolitik ehrenamtlich einsetzt, tut das nicht wegen des Geldes. Wenn meine Gemeinde nicht unterstrichen hätte: »Wir sehen das als Gottes Führung und unterstützen dich gern darin, du kannst einige Aufgaben abgeben«, hätte ich dieses Amt nie wahrnehmen können. Viele Gemeinden betrachten so ein politisches Engagement eher kritisch und als Konkurrenz. Schnell heißt es: »Der kommt ja gar nicht mehr in unsere Gemeindeveranstaltungen …«, oder: »Sie beschäftigt sich jetzt lieber mit weltlichen Dingen …« Dabei ist es ein gewaltiger Segen, wenn sich Christen politisch engagieren – gerade in der Lokalpolitik, wo es direkt um Fragen geht, die die Gemeinde vor Ort betreffen: Veranstaltungsplanungen, die Arbeit der Kitas, die Jugendhilfe und vieles mehr. Da ist es wunderbar, wenn Kirchen und Gemeinden bewusst Mitglieder in die Politik senden. Besonders freute es mich, als ein weiteres Gemeindemitglied für den Stadtrat kandidierte – und zwar bei den Grünen.

Da muss man doch was tun

Wer die Welt retten will, der fängt am besten zu Hause damit an.

Den Mix aus Bundes- und Lokalpolitik empfand ich als sehr herausfordernd. Während es vor Ort in Gera um den Mitarbeiterschlüssel im städtischen Jugendklub ging, hatte ich in Berlin mit gefolterten äthiopischen Oppositionellen zu tun – und auch nach einem sehr langen Arbeitstag gingen mir an manchen Abenden die Bilder nicht aus dem Kopf. Ich bekam es aus erster Hand mit, wie herausfordernd und fordernd die politische Arbeit war.

> Dabei ist es ein gewaltiger Segen, wenn sich Christen politisch engagieren – gerade in der Lokalpolitik.

Mein neuer Job bedeutete, dass ich mich in Fragen rund um die Menschenrechte einarbeiten musste, weil Frank Heinrich hier einen Schwerpunkt bei seiner Arbeit im Bundestag hatte. Vieles las ich mir an und erarbeitete es neu. Menschenwürde und Menschenrechte waren immer große Themen für mich gewesen und hatten mich die ganze Zeit begleitet, seit ich Christ geworden war. Als ich die

Anfrage der Berufsakademie bekam, dort zu unterrichten, hatte ich mich stark mit ihren Grundlagen auseinandergesetzt. Natürlich wusste ich, dass die Allgemeine Erklärung der Menschenrechte eine UN-Resolution von 1948 war oder dass es einen UN-Sozialpakt gab, in dem allen Menschen weltweit weitgehende Rechte zugesprochen wurden. Theorie und Praxis der Menschenrechte begleiteten mich also schon eine Weile, doch wie sah die Arbeit in einem Ausschuss für Menschenrechte aus? Bei aller Leidenschaft für die Arbeit mit Minderheiten hatte ich davon keine Ahnung.

Ich bekam es aus erster Hand mit, wie herausfordernd und fordernd die politische Arbeit war.

Die Besonderheit beim Menschenrechtsausschuss im Bundestag ist, dass er keinem Ministerium zugeordnet ist. Als Querschnittsausschuss setzen sich die neunzehn Mitglieder für die Menschenrechte weltweit ein – und sie prüfen auch die deutsche Politik, ob sie diese Standards einhält, die unabhängig von Geschlecht, Glaube, Hautfarbe oder politischer Überzeugung für jeden Menschen gelten.

In einer Sitzung konnte es zum Beispiel darum gehen, wie in Deutschland mit Gefängnisinsassen umgegangen wird. Oder das Innenministerium gab einen Vorwurf weiter, dass Polizisten einem Inhaftierten mit Folter gedroht hätten. Wenn in einem Wirtschaftsabkommen mit China das Thema der Religionsfreiheit ausgespart werden sollte – laut Artikel 18 der UN-Charta ist das ein Menschenrecht –, dann wurde der Ausschuss aktiv. Oft setzten wir uns mit schriftlichen Anfragen und Anträgen auseinander, aber die Arbeit gerade dieses Ausschusses bedeutete für mich auch unfassbar viele Begegnungen mit Menschen, deren Rechte verletzt worden waren. Damit hatte ich in dieser Intensität nicht gerechnet.

Zum Beispiel wandte sich eine Eritreerin an uns, deren Mann gefoltert worden war. Die beiden gehörten zu einer Pfingstgemeinde, die in Eritrea nicht anerkannt war – staatlich anerkannt sind nur die orthodoxe, die katholische und die evangelisch-lutherische Kirche sowie der Islam. Viele, die nicht registrierte Gemeinden besuchen, werden willkürlich verhaftet und der Spionage beschuldigt. Ihr Mann wurde also eingesperrt. Um ihn zum Geständnis zu zwingen, dass er ein Staatsfeind wäre, oder einfach um ihn zu quälen, wurde er auf grausamste Weise gefoltert, verstümmelt und schließlich erschlagen.

Seine in Tränen aufgelöste Witwe saß vor uns im Ausschuss und erzählte uns ihre Geschichte mit vielen Einzelheiten. Wir waren alle schockiert und betroffen, umso mehr, als sie uns die schreckliche Nachricht verkündete: »Natürlich bin ich damals mit meinen Kindern geflohen. Ich wollte sie und mich retten. Allerdings habe ich keine Beweise für das, was meinem Mann geschehen ist. Ein Freund, der auch im Gefängnis war, hat es mir erzählt. Offiziell ist mein Mann einfach verschwunden. Es existiert weder ein Geständnis seiner Folterer noch ein Foto oder ein Film davon, und weil wir nichts davon beweisen können, werden wir jetzt wieder nach Eritrea zurückgeschickt.«

Ich hätte heulen können. Als Christen in Deutschland haben wir alle Freiheiten der Welt. Wir können uns versammeln; wer mag, kann eine neue Gemeinde gründen; wir können sogar unsere Spenden steuerlich absetzen – und in diesem krassen Fall von Verfolgung waren uns die Hände gebunden. Rein juristisch hatten wir keine Handhabe, irgendetwas zu tun, wir durften es noch nicht einmal: Abgeordnete dürfen nicht in laufende Gerichtsverfahren eingreifen.

Begegnungen wie diese gingen mir sehr nah und sie waren manchmal unfassbar frustrierend. Die Menschen wandten sich an uns, um Hilfe zu bekommen, und durch Berichte wie diesen konnten wir die Lage in den Ländern besser einschätzen, Gesetzesänderungen anstoßen, die anderen vielleicht das Bleiberecht ermöglichen würden. Aber für die Menschen, die so dringend jetzt jemanden brauchten, der für sie einsprang, konnten wir nur wenig tun. Und nachdem diese Frau uns verlassen hatte, kamen die nächsten Personen mit nicht weniger schrecklichen Schicksalen voll Gewalt, Tod, Folter und Menschenverachtung. Immer wieder fragte ich mich, wie es sein kann, dass wir als Menschen so miteinander umgehen. Es ist eine Sache, anzuerkennen, dass »das Dichten und Trachten des menschlichen Herzens böse ist von Jugend auf« (1. Mose 8,21), wie es die Bibel unterstreicht. Eine andere ist es, diese Bosheit Tag für Tag im Detail gezeigt zu bekommen.

Manches Mal stand ich nach einem solchen Tag abends verzweifelt da und fragte Gott und mich selbst nach dem Warum. Meine Hilf- und Machtlosigkeit machten mir zu schaffen. Politisch gesehen ist es klar, dass sich manche Menschenrechtsfrage nicht ansprechen lässt – jedenfalls nicht erfolgreich. Als ich später einmal in meiner Funktion als Politikbeauftragter der Evangelischen Allianz in Pakistan war, nicht weit von der Grenze zu China entfernt, fuhren wir an einem Staudammprojekt vorbei. Die Arbeit auf dieser Großbaustelle wurde fast ausschließlich von chinesischen Sträflingen bewältigt, die sich unter katastrophalen Bedingungen praktisch zu Tode arbeiteten. Waren Uiguren dabei? Höchstwahrscheinlich. Und sie waren nur dort, weil sie zum falschen Volksstamm gehörten. Waren auch Christen unter den Zwangsarbeitern? Höchstwahrscheinlich. Und sie waren nur dort, weil sie in ihrer Hauskirche zusammen in der Bibel gelesen hatten. Hätte ein Protest dagegen irgendetwas verändert oder gar verbessert? Nein.

Manches Mal stand ich nach einem solchen Tag abends verzweifelt da und fragte Gott und mich selbst nach dem Warum.

Sieben Jahre lang arbeitete ich für einen Abgeordneten in diesem Ausschuss, der versuchte, Umstände und Situationen zu verändern und Menschen zu helfen. Das Engagement war wichtig und richtig, aber eben leider auch oft frustrierend. Dazu kam, dass ich nach den Heimfahrten aus Berlin kaum etwas davon erzählen konnte. »Wie war deine Arbeitswoche?«, fragte meine Frau und meine Kinder saßen am Tisch und schauten in meine Richtung. Da konnte ich nur ausweichend antworten oder anderes berichten, was ich sonst noch erlebt hatte.

Hautnah erfuhr ich damals, was so gar nicht in die klischeehaften Vorstellungen von Politikerinnen und Politikern in Berlin passt. Die Stammtischweisheit bezeichnet sie als inkompetente Gutverdiener mit lockeren Arbeitszeiten: »… oder hast du schon mal viele von denen im Parlament sitzen sehen? Also *ich* muss bei meiner Arbeit auch anwesend sein …« Diese Wahrnehmung wird dem stressigen Alltag in der Politik jedoch absolut nicht gerecht. Die meisten Abgeordneten beginnen ihren Tag sehr früh, weil sie unfassbar viel arbeiten. Arbeitswochen in Berlin dauern oft sechzig bis achtzig Stunden. Von sieben Uhr morgens bis zum späten Abend, oft auch bis nach Mitternacht haben die Abgeordneten mit Menschen zu tun, die etwas von ihnen wollen und für die sie sich engagieren.

Einmal arbeitete ich mit Frank Heinrich bis spät in der Nacht in seinem Büro. Als wir uns nach zwölf Uhr auf den Heimweg machten, trafen wir im Aufzug eine Abgeordnete, die wir von früher noch als Ministerin kannten. Sie hielt eine Plastiktüte in der Hand, in der leere Flaschen leise gegeneinanderklapperten. Das waren keine Saftflaschen, es waren viele und die Frau hatte eindeutig eine Fahne. Wahrscheinlich hatte sie um diese Uhrzeit nicht mehr damit gerechnet, beim Entsorgen ihrer Flaschen gesehen zu werden. Wir waren erschüttert, dass diese kompetente und angesehene Politikerin offensichtlich ein Alkoholproblem hatte.

»Wer sieht Menschen wie sie in ihrer Not?«, fragten wir uns. Ob man bei der Heilsarmee auf der Reeperbahn ist oder im Fahrstuhl des Abgeordnetenhauses am Bundestag: Überall gibt es Menschen, die vereinsamen und durch alle Raster fallen. Mir wurde damals bewusst, was für einen Tribut viele unserer Abgeordneten für ihren Einsatz zahlen.

Während unserer Zeit in Berlin begannen Frank Heinrich und ich auch, uns gemeinsam mit anderen gegen Menschenhandel zu engagieren. Die Aufklärungsarbeit in diesem Bereich halte ich für besonders wichtig, allerdings waren die Geschichten von Zwangsprostituierten oder Arbeitssklaven ähnlich belastend wie die aus dem Menschenrechtsausschuss.

Überall gibt es Menschen, die vereinsamen und durch alle Raster fallen.

»Menschenhandel – also dass Leute tatsächlich verkauft werden – gibt es ja heute zum Glück nicht mehr« – dieser Meinung begegnete ich immer wieder, doch sie ist leider falsch. Grundfalsch. Ich erinnere mich noch gut an den Bericht über einen Familienclan aus Rumänien. Viele Frauen dort hatten um die zehn Kinder. Oft wurde die Geburt eines weiteren Mädchens den Behörden nicht gemeldet. Es wuchs auch nicht mit den anderen zusammen auf, sondern wurde quasi in einem Stall gehalten. Dort musste es, wenn es alt genug war, den anderen aus der Sippe für sexuelle Dienstleistungen zur Verfügung stehen – die Jüngeren konnten so schon einmal »üben«.

Wenn das Mädchen dann schwanger wurde, wurde das neugeborene Kind ebenfalls nicht angemeldet – schon die Mutter existierte ja nicht für die Behörden –, sondern über Organhändler nach Russland, in die Ukraine oder anderswohin verkauft. Wenn das Mädchen alt genug war, wurde es umgebracht, um seine Organe an gut zahlende Kunden weiterzugeben. Menschen wie diese wurden und werden schlimmer als Vieh behandelt. Für manche Frauen war es quasi ein sozialer Aufstieg, an ein deutsches Bordell verkauft zu werden.

Auch solche Geschichten erzählte ich selten daheim, doch das wenige, was ich angedeutet habe, reichte schon aus, dass eine unserer Töchter davon Albträume bekam. Meine Hochachtung vor den Politikerinnen und Politikern, die sich über lange Zeiträume immer wieder mit dieser Thematik beschäftigen und dabei Menschen bleiben, wuchs über die Jahre immer mehr. Dasselbe gilt für Polizisten, die den ganzen Tag mit solchem Dreck zu tun haben.

Ein Polizist erzählte mir: »Zu meinem Job gehört es, Pornos anzuschauen. Ich muss sie sichten, um festzustellen, ob dort auch Kinder missbraucht werden. Das lässt einen natürlich nicht unbeteiligt und ich habe deswegen regelmäßig Gespräche mit meinem Psychologen. Irgendwie muss ich die Bilder ja wieder aus meinem Kopf herausbekommen – einfach ist das nicht.« Ehrlich fügte er hinzu: »Außerdem muss ich damit klarkommen, dass diese Filme meine sexuellen Instinkte ansprechen, selbst wenn ich sie völlig ablehne.«

Nebenbei erzählte mir dieser Polizeibeamte, wie sehr er sich auf den zukünftigen Einsatz von künstlicher Intelligenz in seinem Bereich freute: »Momentan müssen Menschen diese Filme anschauen und sich selbst damit schädigen, um Kinder zu schützen. In Zukunft können uns Computer einen großen Teil dieser vergiftenden Arbeit abnehmen.« Ich fragte nach: »Mit wem kannst du denn über solche Dinge reden?« »Eigentlich versteht das niemand«, entgegnete er. »Es gibt Dinge, die kannst du nur mit Gott besprechen.«

Menschenrechte sind unteilbar

Menschenrechte, Menschenpflichten,
nur gemeinsam lässt sich's richten.

Der gesamte Menschenrechtsbereich ist geprägt von Abgründen, von denen man kaum glauben mag, dass es sie tatsächlich gibt. Mir persönlich halfen die Gespräche mit Frank Heinrich, dies zu bewältigen. Da ich nur in Teilzeit bei ihm im Team arbeitete, übernachtete ich in meinen Berliner Arbeitswochen oft auf seiner Gästecouch. Wenn wir abends nach einem langen Tag in seiner Wohnung ankamen, war meistens noch nicht an Schlaf zu denken. Dann sprachen wir über die Ereignisse und Bilder, wir hörten uns gegenseitig zu und wir beteten miteinander. Das war eine gewaltige Hilfe.

»Es gibt Dinge, die kannst du nur mit Gott besprechen.«

Neben dieser schweren gab es allerdings auch eine wunderschöne Seite. Denn ich erlebte nicht nur unfassbares Leid, sondern auch, dass Betroffene den Ausstieg fanden – Opfer wie Täter.

Als Familie hatten wir einmal mit dem Fall eines vietnamesischen Mädchens zu tun, nennen wir es Linh. Linh wurde in Hanoi geboren. Als ihre Eltern als zweites Kind einen Sohn bekamen, wurde sie vor die Tür gesetzt, denn Mädchen waren in ihrer Kultur nichts wert. So lebte sie bereits als kleines Kind ohne ein Zuhause und musste sich allein durchschlagen. Linh war bildhübsch, und als sie in die Pubertät kam, wurde sie von einer Passantin auf der Straße angesprochen, ob sie sich vorstellen könnte, als Hausmädchen nach Thailand zu gehen. Die Rede war von leichter Arbeit und einem guten Verdienst, selbst ein Schulbesuch sollte möglich sein. Froh stimmte Linh zu. Sie wurde in Hanoi zum Flugplatz gebracht, erhielt ein Ticket und setzte sich erwartungsvoll in den Flieger.

Der gesamte Menschenrechtsbereich ist geprägt von Abgründen, von denen man kaum glauben mag, dass es sie tatsächlich gibt.

Nach vielen Stunden kam sie auf einem Flughafen an und verpasste ihren Anschluss, als sie zur Toilette ging. Suchend lief sie durch die Ankunftshalle. Ein vietnamesischer Gemüsehändler entdeckte das Mädchen. Sie wirkte sehr verloren auf ihn. Er sprach Linh an und sie erzählte ihre Geschichte. Er konnte nur den Kopf schütteln: »Liebes Kind, hier läuft etwas völlig verkehrt. Du bist nicht in Bangkok, sondern in Leipzig gelandet, in Deutschland. Das hört sich für mich an, als ob du verschleppt werden solltest. Am besten rufe ich die Polizei.«

Bald saß die Dreizehnjährige auf der Polizeiwache. Das Jugendamt wurde eingeschaltet und eine Dolmetscherin übersetzte Linhs Geschichte. Die Verantwortlichen fragten bei den nächstgelegenen Kinderheimen, ob dort ein Platz frei wäre – eventuell sogar in einer Familie. So landete die Anfrage bei Christine und mir und wir hatten für ein halbes Jahr ein Familienmitglied mehr.

Der Polizist, der Linh zu uns begleitete, erklärte mir: »Das ist nicht der erste Fall dieser Art, den ich erlebe, und ich bin so froh, dass alles gut ausgegangen ist.« »Was wäre denn mit ihr passiert?«, fragte ich zurück. »Sie wäre sicher in ein Bordell gebracht worden. Da gibt es Leute, die für eine Nacht mit solch einem hübschen dreizehnjährigen Mädchen, das noch Jungfrau ist, bis zu zehntausend Euro zahlen.« »Und dann?« »Das Geschäft hätte sich nach der ersten Nacht bereits gelohnt, aber anschließend wäre sie vielleicht noch für einen Monat in Leipzig geblieben, dann wäre sie nach Köln gebracht worden, dann nach Frankfurt, dann vielleicht für ein halbes Jahr nach Frankreich … und irgendwann wäre sie als verbraucht ›entsorgt‹ worden.«

Um das Mädchen aus diesem kranken System und ihrer schrecklichen Zukunft herauszuretten, war nur ein Gemüsehändler nötig gewesen, der sie mit offenen Augen sah und ansprach.

Das Zusammenleben mit Linh war für unsere Familie herausfordernd. Zur Sprachbarriere kam hinzu, dass sie auf der Straße gelebt hatte und sich erst daran gewöhnen musste, sich in den Familienablauf einzuordnen. Aber letztlich funktionierte es gut. Uns wurden dadurch die Augen für den ganzen Bereich des Menschenhandels geöffnet. Christine hatte inzwischen ein Studium in Sozialer Arbeit begonnen und schrieb später ihre Bachelorarbeit über Menschenhandel.

In Berlin hatten wir Kontakte zu etlichen Organisationen bekommen, die auf diesem Feld aktiv waren, denn Menschenhandel und Prostitution kommen in Deutschland auch mit Kindern vor, die hier geboren und aufgewachsen sind. Um helfende Organisationen zu vernetzen, gründeten Frank Heinrich, Thorsten Riewesell von der Kindersozialarbeit *Jumpers* und einige andere zusammen mit mir das Bündnis *Gemeinsam gegen Menschenhandel*. Inzwischen ist *Gemeinsam gegen Menschenhandel* ein Verein mit vierzig Mitgliedsorganisationen, einige wurden erst durch den Kontakt zu uns gegründet.

Wenn ich höre, dass *Jumpers* obdachlosen Mädchen eine Bleibe anbietet, damit sie sich nicht für eine Nacht im Warmen und

Trockenen prostituieren müssen, oder dass an vielen Orten Schutzhäuser gegründet wurden, in denen Menschen Aufnahme finden, dann geht mir das Herz auf. Hier ist eine Bewegung entstanden, die vor zehn Jahren noch nicht einmal zu erahnen war. Auch im Bundestag ist Menschenhandel mittlerweile ein Thema. Fraktionsübergreifend wird darüber nachgedacht, das sogenannte »Nordische Modell« einzuführen, das seinen Namen hat, weil Schweden das erste Land war, in dem es angewendet wurde. Beim Nordischen Modell wird der Sexkauf verboten, es werden also nicht Prostituierte kriminalisiert, von denen viele Opfer von Menschenhandel sind, sondern die Freier. Flankiert wird dieses Sexkaufverbot von Präventionsmaßnahmen und Ausstiegshilfen für Frauen und die wenigen Männer im Gewerbe.

In Schweden konnte dieses Gesetz übrigens 1999 eingeführt werden, weil es eine demokratische Premiere gegeben hatte: Zum ersten Mal überhaupt war die Mehrheit eines Parlamentes weiblich. Über alle Parteigrenzen hinweg waren sich die weiblichen Abgeordneten einig: Es ist eine schwere Verletzung der Würde, wenn ein Mann eine Frau kauft.

Oft kann man schon etwas für Menschen erreichen, wenn man nur die Initiative ergreift.

Oft kann man schon etwas für Menschen erreichen, wenn man nur die Initiative ergreift. Frank Heinrich reiste als Bundestagsabgeordneter nach Vietnam und wandte sich am Rande seiner Gespräche an einen Politiker vor Ort: »Ich habe von einer Gefangenen gehört, die ich gern im Gefängnis besuchen würde. Lässt sich das machen?« Die Frau hatte etwas in Vietnam streng Verbotenes getan: Sie hatte versucht, eine Gewerkschaft zu gründen. Bei uns wäre das undramatisch; in Vietnam gibt es nur eine staatliche Einheitsgewerkschaft, alles andere ist illegal. Die Frau wurde erwischt, verurteilt und eingesperrt.

Tatsächlich erhielt Frank von jemandem, der keinen näheren Einblick in den Fall hatte, die Erlaubnis. Er sprach mit ihr und konnte mit einem hineingeschmuggelten Handy sogar ein Foto von ihr und ihrer Haftsituation machen. Damit begann dann unsere Arbeit im Abgeordnetenbüro. Wir stellten alles in einem Dossier zusammen, was wir an Informationen über diese Frau und ihren speziellen Fall bekommen konnten, bereiteten es auf und Frank Heinrich verbreitete das Papier über diplomatische Kanäle. Es löste die erwartete Bestürzung aus und sorgte für öffentlichen Druck. Ein paar Wochen später kam die Frau frei und außerdem wurde sogar die Gewerkschaft zugelassen.

Als Frank diese Geschichte im Ausschuss für Menschenrechte erzählte, standen alle Mitglieder auf und applaudierten. Natürlich waren sie in unterschiedlichen Parteien, aber sie waren alle Menschenrechtler und freuten sich mit. Ein paar Jahre später flog diese Vietnamesin nach Berlin und besuchte uns im Büro im Paul-Löbe-Haus des Bundestags. Sie strahlte vor Glück.

Ich musste lernen, solche Einzelfälle und persönlichen Schicksale als Erfolge zu feiern. Mein Gefühl sagte mir immer wieder: »Es gibt so viele Menschen, denen du nicht helfen konntest.« Und das stimmt. Doch gleichzeitig gilt auch die großartige Wahrheit, die die Juden im Talmud so ausdrücken: »Wer ein Leben rettet, rettet die ganze Welt.«

Trotzdem bleiben für mich viele Fragen offen. Glaube darf nicht einfach ein Vertrösten auf die Ewigkeit sein, aber wenn ich nicht wüsste, dass Gott am Ende der Zeit Gerechtigkeit schaffen wird, wäre all das nur schwer auszuhalten.

Das erlebte ich nicht nur im politischen Bereich, sondern auch persönlich. Einer der schwersten Momente meines Lebens war zugleich eine meiner eindrucksvollsten Gottesbegegnungen. Es geschah in einem Kühlraum.

Mein jüngerer Bruder Frank wohnte damals in Hamburg. Er war schon lange drogenabhängig und das Einzige, was ihn aus menschlicher Sicht am Leben hielt, war sein Hund. Flocke war sein Ein und Alles und mein Bruder versorgte ihn liebevoll. Als Flocke irgendwann so alt und krank war, dass er eingeschläfert werden musste, sah mein Bruder keinen Sinn mehr in seinem Leben. Völlig verzweifelt schrieb er einer Freundin eine SMS: »Ich will nicht mehr leben. Flocke ist jetzt im Himmel, und da will ich auch hin.« Daraufhin ging er zu dem Hochhaus, in dem meine Eltern lebten – es war nicht weit entfernt –, fuhr mit dem Aufzug in den dreizehnten Stock und sprang hinunter.

Einer der schwersten Momente meines Lebens war zugleich eine meiner eindrucksvollsten Gottesbegegnungen. Es geschah in einem Kühlraum.

Während das geschah, war ich im Auto auf der A4 in Richtung Gera unterwegs – ich weiß heute noch genau, an welcher Stelle ich war. Mein Handy klingelte, und als ich den Anruf annahm, sagte meine Schwester: »Uwe, fahr sofort rechts ran.« »Kein Problem, ich habe eine Freisprechanlage, wir können auch so telefonieren«, antwortete ich. »Nein, das können wir nicht, fahr bitte rechts ran.« Sie redete so eindringlich auf mich ein, dass ich auf dem Seitenstreifen anhielt. Und dann erzählte sie mir, dass sich unser Bruder das Leben genommen hatte.

Für mich brach eine Welt zusammen. Wir beide waren uns über viele Jahre sehr nah gewesen. Es hatte als Kind begonnen, als ich ihm abends Geschichten erzählt hatte, und die Nähe hatte uns nie ganz verlassen. Er war auch der Patenonkel unseres Sohnes. Ich fühlte mich wie vom Schlag getroffen und verstand plötzlich diese Redewendung. Es war tatsächlich so, als hätte mir jemand mit einer Eisenstange auf die Schulter geschlagen. Ich konnte nicht mehr gerade gehen. Als ich eine Stunde später nach Hause kam, lief ich immer noch schief. Es dauerte noch etwas, bis ich danach wieder fahrfähig war, aber dann beschloss ich: Ich muss sofort zu meiner Familie. So setzte ich mich ins Auto und fuhr die fünf Stunden zu meinen Eltern nach Hamburg.

> Für mich brach eine Welt zusammen.

Dort wollte ich meinen Bruder unbedingt ein letztes Mal sehen. Ein Arzt brachte mich in die Kühlkammer in der Pathologie, wo der Leichnam lag, und ließ mich mit meinem Bruder allein. Als ich ihn dort sah, brach ich regelrecht zusammen. Ich weinte minutenlang ohne Pause und stammelte nur: »Frank, wo bist du?« Natürlich hatte ich nur noch seine zerschundene Hülle vor mir, aber ich konnte mich nicht beruhigen. Immer wieder fragte ich ihn: »Wo bist du?« In diesem Moment hatte ich eine besondere Gotteserfahrung. Sehr deutlich hörte ich eine innere Stimme, die mir sagte: »Uwe, Frank weiß es, und ich weiß es, und es ist gut so.«

Die Frage nach Himmel und Hölle, Rettung oder nicht, die in mir brannte, verstummte, und auf einen Schlag war ich völlig ruhig. Ich musste weder etwas klären noch alles wissen. Gott kümmert sich selbst um Leben und Sterben. Als ich den Kühlraum wieder verließ, war ich bis auf die Knochen durchgefroren. Ich war viel zu lange drinnen gewesen, doch ich war erfüllt von einem tiefen Frieden. Seit dieser Erfahrung sind meine Trauergottesdienste anders als vorher.

Ein paar Tage später habe ich Frank beerdigt. In der Predigt erzählte ich viel von ihm, was für ein wunderbarer Mensch er war, aber auch, woran er letztlich gescheitert ist. In der Kirche waren viele seiner Freunde und Bekannten, Junkies, Punks und andere. Sie nickten eifrig zu dem, was ich erzählte. Dazwischen hörten wir Stücke von den Dire Straits – das war die Musik, die wir früher zusammen gehört hatten. Es mag sich seltsam anhören, aber genau dadurch wurde es eine sehr würdevolle Beerdigung. Ich konnte auf sein Lebensthema eingehen, denn er fühlte sich zeitlebens ausgegrenzt und scheiterte deshalb immer wieder. Trotzdem war er unserem Sohn ein liebevoller Patenonkel. Mit dem Leben kam er nicht gut zurecht, aber er war voller Liebe für seinen Hund da gewesen.

Ich habe gelernt, einen Schritt zurückzutun und ihm die Situation und die Menschen zu überlassen.

Diese Beerdigung war für mich in vielem ein Wendepunkt. Ich hatte unter anderem Theologie studiert, um Menschen beerdigen zu können, doch hier erfuhr ich Gott auf eine besondere Weise. In den folgenden Jahren hielt ich auch die Trauerfeiern für meine Mutter, meinen Stiefvater und vor Kurzem für meinen älteren Bruder. Immer trug mich dabei die tiefe Gewissheit, dass Gott es gut macht – was auch immer das genau bedeutet. Ich habe gelernt, einen Schritt zurückzutun und ihm die Situation und die Menschen zu überlassen.

Eine neue Berufung in Berlin

> Früher wollte ich die Welt aus den Angeln heben.
> Heute frage ich mich, wer sie wieder ins Lot bringt …

Nach einigen Jahren im Bundestagsbüro von Frank Heinrich und fünfzehn Jahren in meiner Gemeinde in Gera wurde eine neue Aufgabe an mich herangetragen. Meine Tätigkeiten machten mir nach wie vor Freude – ich musste nichts anderes suchen. Aber von verschiedenen Seiten wurde ich angesprochen mit der Empfehlung, mich bei der Evangelischen Allianz in Deutschland (EAD) zu bewerben.

Die EAD hatte eine Stelle ausgeschrieben. Sie suchten einen Politikbeauftragten, der als Brückenbauer zwischen Christen und Politik und als Interessenvertreter der Allianz tätig sein sollte. Seit 1999 hatte Wolfgang Baake, ein Journalist und Theologe, diese Aufgabe ehrenamtlich nebenbei wahrgenommen. Er bewegte vieles, doch gleichzeitig litt er darunter, dass er zu wenig Zeit dafür investieren konnte. Baake motivierte Spender, diesen Arbeitsbereich finanziell zu tragen, und übte sie ab 2014 hauptamtlich aus. Die EAD wurde dadurch in Berlin zu einer wahrnehmbaren Stimme und das tat der Arbeit sehr gut – allerdings nicht dem Arbeiter.

Nach einer längeren Krankheitsphase und mehreren Herzinfarkten ging Baake 2016 mit 65 Jahren in den Ruhestand, obwohl er seine neue Aufgabe ursprünglich darüber hinaus fortsetzen wollte. Nun suchte man einen Nachfolger als »Beauftragten der Deutschen Evangelischen Allianz am Sitz des Deutschen Bundestags und der Bundesregierung«, wie die Stelle offiziell hieß.

Die Anzeige war kaum veröffentlicht, da klingelte bereits mein Telefon. »Uwe, hast du schon das Stellenangebot der EAD gesehen? Ich denke, das wäre was für dich.« Diesen Satz hörte ich in den nächsten Tagen immer wieder, ohne dass ich diese Rückmeldung gesucht hätte, und interessanterweise kam sie aus dem gesamten kirchlichen Spektrum, von linksevangelikal bis eher konservativ. Frank Heinrich wollte mich zwar nicht als Mitarbeiter verlieren, doch auch er meinte: »Uwe, das könnte ein nächster Schritt für dich sein.« Bestimmt fünfundzwanzig Bekannte und Freunde meldeten sich bei mir, um mir zu sagen, dass ich nach ihrem Eindruck der Richtige für diese Stelle wäre.

»Uwe, hast du schon das Stellenangebot der EAD gesehen? Ich denke, das wäre was für dich.«

Manchmal wünschen sich Christen ja einen besonderen Hinweis Gottes, der ihnen die richtige Richtung zeigt. Ich bekam in diesen Tagen so viele davon, dass ich sie schlicht nicht ignorieren konnte. Außerdem sprach auch aus meiner Sicht viel dafür. Daher informierte ich mich gründlich über das Stellenprofil und die Evangelische Allianz.

Es begeisterte mich sofort, dass Religionsfreiheit und der Einsatz für verfolgte Christen einen großen Teil der Arbeit der EAD in Berlin einnahmen. Diese Themen gehörten offensichtlich zu ihrer DNA, denn sie wurden bereits 1846 bei der Gründung der Evangelischen Allianz in London debattiert. Die meisten Gründungsmitglieder kamen aus marginalisierten oder verfolgten freikirchlichen und pietistischen Gruppen und sie wollten ihre Stimmen in einer neuen Gemeinschaft bündeln. Ein zweites Thema war der Menschenhandel: Schon damals schrieben die Gründerväter fest, dass keine Sklavenhalter zur Evangelischen Allianz gehören sollten – was sich heute selbstverständlich anhört, war damals bahnbrechend.

Ein anderes typisches Allianzthema war das Lebensrecht von ungeborenen, behinderten oder auch älteren Menschen. Als ich mich näher damit auseinandersetzte, wurde mir klar, dass es hierbei nicht in erster Linie um konservative politische Positionen ging, sondern um Menschenrechtsfragen. Je mehr ich mich damit beschäftigte, desto attraktiver erschien mir die Stelle als Politikbeauftragter, sodass ich mich schließlich bewarb. Es gab mehrere Gespräche, bevor die Leitung der EAD mich in die neue Aufgabe berief.

Gemeinsam mit mir begann meine Assistentin, die Soziologin Kersten Rieder, die ich interessanterweise in Hamburg bei der Heilsarmee kennengelernt hatte, als sie noch ein Kind war. Ihre Eltern waren damals meine Chefs. Nach sechs gemeinsamen Jahren wechselte Kersten zur *International Justice Mission* (IJM), einer Organisation, die sich gegen Menschenhandel engagiert, und macht nun selbst politische Lobbyarbeit.

Als ich bei der EAD anfing, war ich zweiundfünfzig Jahre alt. Seit langer Zeit war es das erste Mal, dass ich wieder eine volle Stelle hatte. Aus dem Büro von Frank Heinrich im Bundestag zog ich in das der Evangelischen Allianz am Brandenburger Tor um. Vielleicht fünfhundert Meter Luftlinie trennten meinen neuen von meinem alten Arbeitsplatz.

Ein Großteil meiner Arbeit bestand darin, Kontakte aufzubauen und mit möglichst allen Fraktionen ins Gespräch zu kommen, besonders mit deren religionspolitischen Sprechern. Ich versuchte also, Termine zu machen, und stellte mich und unsere Themen vor. Es galt, für die eigenen Themen zu werben, ohne sich von einer einzelnen politischen Partei vereinnahmen zu lassen, denn die EAD ist überparteilich.

Manchmal war es herausfordernd, Termine bei Abgeordneten zu erhalten. Manchen waren wir schlicht unbekannt: »Wer sind Sie bitte? Und wer steht hinter der Evangelischen Allianz?« Dabei sprach schon die Betonung von »Evangelische Allianz« Bände. Oft erntete ich überraschte Blicke, wenn ich sagte: »Wir sind eine weltweite Bewegung, aber allein in Deutschland haben wir unter unserem Dach dreihundertsiebzig Werke und neunhundert Ortsallianzen, damit vertreten wir ungefähr eine Million Christen – eine Menge Wählerinnen und Wähler.« Manchmal begegnete ich auch Vorurteilen, dann reichte es dem Gegenüber, die EAD mit den Etiketten »evangelikal« und deshalb auch »rechts« zu versehen, um gar nicht erst in den Dialog einsteigen zu müssen. Aber im Allgemeinen ergaben sich gute Gespräche.

Die Bandbreite meiner Arbeit war spannend. Wenn die EAD die Lage der verfolgten Christen nicht zu ihrem Thema gemacht hätte – hier war mein Vorgänger sehr stark involviert –, dann wäre sie es in Berlin wohl bis heute nicht. Die Stelle des Beauftragten der Bundesregierung für weltweite Religions- und Weltanschauungsfreiheit geht auf ein langfristiges Bemühen der Allianz zurück. Bereits seit 1999 gab die EAD die Jahrbücher *Religionsfreiheit* und *Diskriminierung und Verfolgung von Christen* heraus, initiiert von Professor Dr. Dr. Thomas Schirrmacher. Türöffner für das Amt des Beauftragten waren dann 2017 Volker Kauder von der CDU und Andrea Nahles von der SPD. Der evangelische und die katholische Vorsitzende ihrer Fraktionen nahmen die Forderung in den Koalitionsvertrag auf.

Ein wichtiges Thema blieb für die EAD der Kampf gegen Menschenhandel, zum Beispiel in Form von Prostitution. Dazu schrieb ich gemeinsam mit Frank Heinrich das Buch *Der verdrängte Skandal – Menschenhandel in Deutschland*, das wir jedem Abgeordneten des Bundestags zukommen ließen.

Die EAD wurde zu unterschiedlichen Themen um Einschätzungen gebeten. Mir war dabei immer wichtig, Dinge differenziert zu sehen, selbst wenn sie auf der politischen Bühne, von den Medien und oft auch auf den Kanzeln mitunter plakativ vereinfacht wurden. Dafür bezogen wir manches Mal verbale Prügel, aber immer wieder gab es auch Lob wie zum Beispiel für die Stellungnahme der EAD, als der Bibelvers, der am Berliner Stadtschloss angebracht worden war, durch eine Kunstinstallation überblendet werden sollte. Wir sprachen uns dafür aus, dass der Vers, der historisch zum Schloss gehört, erhalten bleiben sollte, es jedoch einer Debatte bedurfte über den Missbrauch dieses Textes, der ursprünglich angebracht worden war, um das Gottesgnadentum – und damit die uneingeschränkte Macht des Kaisertums – zu legitimieren. Darauf erhielten wir viele Rückmeldungen wie diese: »Vielen Dank, dass ihr euch differenziert zu Wort meldet und nicht pauschal draufhaut, dass hier das christliche Abendland untergeht.«

> Für unsere Einschätzung verschiedener Themen bezogen wir manches Mal verbale Prügel, aber immer wieder gab es auch Lob.

Natürlich ist die EAD nur eine von rund zweitausend registrierten Lobbyorganisationen beim Deutschen Bundestag und vom Budget sicher eine der kleinsten. Doch Volker Kauder betonte bei seinem Ausscheiden aus dem Deutschen Bundestag: »Die Evangelische Allianz in Berlin ist als Berater und auch als eine Einrichtung, zu der man mit seinen Sorgen kommen kann, um ein offenes Ohr und ein Gebet zu finden, nicht mehr wegzudenken.«

Zur Arbeit in Berlin gehörte natürlich auch Gebet. Immer wieder ergaben sich bei meiner Arbeit Gespräche, die plötzlich sehr persönlich wurden und in ein Gebet mündeten. Die Grenze zwischen Fachinformation und Seelsorge war manchmal fließend. Diese tieferen Kontakte geschahen fraktionsübergreifend mit Abgeordneten von der Linken bis hin zur AfD. Manches Mal musste ich dabei an die Begegnung mit der ehemaligen Ministerin im Fahrstuhl denken, die heimlich ihre leeren Flaschen entsorgen wollte. Natürlich ging es nicht nur um Alkohol, aber viele der Politikerinnen und Politiker waren extrem einsam und überlastet. Es gab nur wenige Gelegenheiten, wo sie nicht funktionieren und Leistung abliefern mussten.

Immer wieder ergaben sich bei meiner Arbeit Gespräche, die plötzlich sehr persönlich wurden und in ein Gebet mündeten.

Am Bundestag gibt es in den Sitzungswochen an zwei Tagen eine Andacht, die in ökumenischer Verantwortung gestaltet wird. Und an jedem Freitag treffen sich Abgeordnete zum Gebetsfrühstück. Diese Idee stammt aus den USA, wo direkt nach dem Zweiten Weltkrieg das Gebetsfrühstück etabliert wurde: Eleanor Roosevelt, die Frau des Präsidenten, hielt es für ein gutes Mittel, um verfeindete Parteien des Parlaments an einen Tisch zu bekommen. Sie dachte: »Wer miteinander isst und betet, lernt den anderen schätzen und ist eher sein Freund als sein Feind.«

In den USA ist das jährliche Gebetsfrühstück inklusive Rede des Präsidenten ein wichtiger öffentlicher Anlass. In Deutschland ist das wöchentliche Treffen eher ein unauffälliges informelles Beisammensein. Interessierte aus fast allen Fraktionen kommen zusammen, lesen die Herrnhuter *Losungen* und beten mit- und füreinander. Was beim Gebetsfrühstück gebetet und besprochen wird, bleibt in diesem Raum.

Als eine vergleichbare Arbeit in der Ukraine gegründet wurde, war ich unter den Eingeladenen. Voller Erwartung flog ich dazu nach Kiew. Doch das Treffen war schrecklich. Auch hier saßen Gruppen am Tisch, die nicht einer Meinung waren, unter anderem Vertreter der drei verschiedenen orthodoxen Kirchen, die in der Ukraine nebeneinander bestehen: die Russisch Orthodoxe Kirche, die Ukrainisch-Orthodoxe Kirche Moskauer Patriarchats und die Ukrainisch-Orthodoxe Kirche Kiewer Patriarchats (heute: Ukrainisch-Orthodoxe Kirche und Orthodoxe Kirche der Ukraine). Zwischen den dreien gab es keinerlei Annäherung oder versöhnliche Worte. Jeder Geistliche hielt eine kurze Ansprache und verkündete darin sinngemäß den anderen Vertretern: »Wir glauben richtig. Ihr glaubt falsch. Schließt euch uns an, sonst wird es ein böses Ende nehmen.« Der einzige Punkt, in dem sie einer Meinung waren, war ihre Ablehnung der EU und der Homosexualität, die angeblich durch die europäische Einheit in das Land hineinschwappte.

Ich war entsetzt. Man kann Konflikte auf geistlicher Ebene entschärfen oder befeuern. Dieser hier wurde regelrecht angezündet, was damals schon zeigte, dass keine Bereitschaft für Frieden vorhanden war. Dass trotz Gebet so unversöhnlich geredet wurde, zeigte mir, dass Religion im Konflikt zwischen Russland und der Ukraine in erster Linie ein Machtinstrument ist. Russland geht es darum, die eigenen Interessen durchzusetzen – und dabei spielt die Kirche Putin direkt in die Hände.

Ich war entsetzt. Dieser Konflikt wurde regelrecht angezündet.

Politik ist mir sehr wichtig, aber ich bin überzeugt, dass wir als Christen niemals mit der Politik »ins Bett steigen« und uns von Machtinteressen leiten lassen dürfen. Ebenso wenig dürfen wir eine Nation als »heilige Nation« ansehen. Das geht – so lehrt uns die Geschichte und ein Blick um den Globus – immer nach hinten los, ganz gleich, welche Religion vorherrscht, sie alle lassen sich missbrauchen.

Wenn ich aus der Ukraine oder von anderen Reisen zurückkam, suchte ich das Gespräch mit Abgeordneten oder ihren Mitarbeitern. Häufig brachte ich wertvolle Eindrücke mit und oft bekam ich selbst wichtige Hintergrundinformationen. Meistens vereinbarte ich einen Termin mit den religionspolitischen Sprechern der Fraktionen und gab ihnen meine aktuelle Einschätzung weiter.

Mein frustrierender Besuch in Kiew hatte allerdings einen positiven Nebeneffekt. Einige Teilnehmer erhielten noch die Einladung in eine *Banja*, eine russische Sauna. Dort saß ich schwitzend neben einem US-Amerikaner. Wir redeten lange und freundeten uns schnell an. George und ich waren uns einig, dass wir an diesem Tag kein Glanzstück der Versöhnungsarbeit erlebt hatten. »Aber wie lässt sich Versöhnung niederschwellig umsetzen?« »Man müsste ein Projekt ins Leben rufen.« So redeten wir hin und her. Dann wurde es praktisch. »Nächstes Jahr ist der Zweite Weltkrieg siebzig Jahre vorbei. Wie wäre es, wenn wir dazu mit Russen, Amerikanern und Deutschen in Gera ein Zeichen setzen?« Die Amerikaner hatten die Stadt von den Nazis befreit und bald darauf den Russen übergeben. Unsere Gemeinde in Gera hatte seit einigen Jahren eine russische Partnergemeinde, eine Baptistengemeinde in Rostow am Don. »... und um die USA kümmere ich mich«, ergänzte mein neuer Freund.

Ein Jahr später war es so weit. Wir hatten in Gera angefragt, wo wir helfen konnten, und als Projekt die Renovierung des Tierparks »adoptiert«. Über dreißig Amerikaner und gut zwanzig Russen kamen für eine Woche zum Arbeiten, unterstützt von Leuten aus unserer Gemeinde. So praktizierten wir innerhalb einer Woche mit etwa neunzig Ehrenamtlichen die deutsch-amerikanisch-russische Freundschaft und verschönerten den Tiergarten.

Was als Sauna-Idee angefangen hatte, begeisterte alle Beteiligten. Am Ende wurden wir von der Oberbürgermeisterin zu einem Empfang im Rathaus geladen und auch Bodo Ramelow als Landesvater ließ es sich bei einem Besuch in der Stadt nicht nehmen, durch den sanierten Tiergarten zu spazieren.

Was als Sauna-Idee angefangen hatte, begeisterte alle Beteiligten.

Ein besonderes Highlight war der Besuch einer Gruppe von *netzwerk-m*, einem Zusammenschluss von evangelikalen Missionswerken, Ausbildungsstellen und Initiativen, bei mir im Deutschen Bundestag. Zum Abschluss trafen wir uns noch mit Wolfgang Schäuble. Der langjährige Abgeordnete, ehemalige Minister und damalige Bundestagspräsident erzählte aus seinem Leben und Erleben. Auf seine größten Erfolge angesprochen, meinte er: »Wissen Sie, ich habe 1990 mit meinem DDR-Kollegen Günther Krause den deutsch-deutschen Einigungsvertrag ausgehandelt und unterschrieben. Es stand zwar sogar im Grundgesetz, dass eine Wiedervereinigung anzustreben sei, aber wir hatten alle schon nicht mehr daran geglaubt, es höchstens noch ein wenig gehofft. Und nun war ich derjenige, der diesen Vertrag von unserer Seite aus abschloss. Das war so etwas Großes und Besonderes …«

Er holte tief Luft und fuhr fort: »Und sechs Wochen später kam es zu dem Attentat, bei dem auf mich geschossen wurde. Ich wusste tagelang nicht, ob ich das überlebe. Eine ganze Weile war ich in einer Spezialklinik und wurde dort behandelt, und seitdem sitze ich querschnittsgelähmt im Rollstuhl. Wenn Sie so etwas erleben, innerhalb weniger Wochen erst den größten Erfolg Ihres Lebens zu feiern und dann in den Rollstuhl geschossen zu werden, dann müssen Sie wissen, dass Sie in Gottes Hand sind, sonst kommen Sie nicht damit klar.«

Es war still im Raum. Wir merkten alle, dass hier jemand sprach, der vieles erreicht und auch vieles nicht bekommen hatte und der trotz aller Querschläge nicht bitter geworden war, weil er Höhen und Tiefen aus Gottes Hand nehmen konnte.

> Es war still im Raum. Wir merkten alle, dass hier jemand sprach, der nicht bitter geworden war, weil er Höhen und Tiefen aus Gottes Hand nehmen konnte.

Diese berührende Begegnung unterstrich für mich einmal mehr, mit welch besonderen Menschen ich in Berlin zu tun hatte. Viele liegen politisch überhaupt nicht auf meiner Wellenlänge, aber die meisten wollen auf gute Weise Verantwortung übernehmen und sich für das Wohl der Gesellschaft einsetzen. Wer sich eine goldene Nase verdienen will, der wird nicht Politiker.

Brückenbauer

Die Welt ist groß genug für Vielfalt, aber zu klein für Einfalt.

Was mich immer wieder bewegt, sind die vielen Menschen und Gruppen, die für unsere Arbeit in Berlin gebetet haben. Ein besonderes Gebetstreffen erlebte ich online. Eines Tages klingelte mein Telefon und ein Kongolese erzählte mir von seinem Dienst: »Wir sind eine Gemeinschaft von Christen, die alle aus dem Kongo stammen oder da ihre Wurzeln haben. Die meisten von uns haben die deutsche Staatsbürgerschaft. Aber wir haben noch mehr: Wir haben Deutschland auf dem Herzen. Deshalb treffen wir uns mit dreißig Kongolesen einmal pro Woche per Videocall und beten eine Stunde lang für die Regierung und besonders für die Kanzlerin.« Ich wurde gebeten, ihnen bei ihrem nächsten Treffen einige Anliegen mitzuteilen. Das tat ich gerne. Dabei berührte es mich besonders, dass sich Christen mit afrikanischen Wurzeln trafen und treu, leidenschaftlich und erwartungsvoll für die Politiker in ihrer Wahlheimat beteten. Welch ein Geschenk für unser Land!

> Christen mit afrikanischen Wurzeln trafen sich und beteten treu, leidenschaftlich und erwartungsvoll für die Politiker in ihrer Wahlheimat. Welch ein Geschenk für unser Land!

Viele Politikerinnen und Politiker begegneten der EAD und ihren Anliegen mit großem Wohlwollen – nicht nur die der C-Parteien. Wenn ich zu Informationsveranstaltungen oder Predigten im Land unterwegs war, hörte ich trotzdem meist als erste Frage: »Wie schwierig ist das Überleben als Christ im Haifischbecken der Politik?« Oft lag es mir auf der Zunge, darauf zu antworten: »So schwer wie im Haifischbecken der Gemeinde.« Natürlich gibt es im politischen Raum Meinungsverschiedenheiten – und dafür sind Parlamente ja auch da, dass in der Sache gestritten und um das beste Argument gerungen wird –, aber meistens war der Umgang respektvoll und von dem gemeinsamen Anliegen getragen, das Beste für möglichst viele Menschen zu erreichen. Politik ist eben nicht in erster Linie korrupt und schmutzig. Gleichzeitig wäre es ein Segen, wenn sich hier mehr Christinnen und Christen engagieren würden.

So wie ich in Kirchen und Gemeinden oft Politik erklären musste, war ich auch auf politischer Seite regelmäßig gefordert, Fakten aus christlicher Sicht zu erklären und dabei die Möglichkeiten zu einer Zusammenarbeit auszuloten. Die Evangelische Allianz vertritt in erster Linie evangelikale Christen, die für eine sogenannte Bekehrungsfrömmigkeit stehen. Ihre Aufrufe zu einer persönlichen Entscheidung für Jesus oder auch zur Mission werden von vielen Außenstehenden kritisch beurteilt. Dabei unterstrich ich in Berlin immer wieder, dass »unsere« Art der Frömmigkeit zur freien Ausübung der Religion gehört, diese Religionsfreiheit ist ein Menschenrecht – auch für Evangelikale. Allerdings war die Position der Allianz immer schon: Dieses Recht gilt auch für alle anderen Religionen und es schließt das Recht ein, nicht zu glauben.

Die Arbeit für die EAD war sehr erfüllend, aber auch anstrengend. Ich war dafür sehr viel unterwegs, wochenweise in Berlin, am Wochenende oft bei Gemeindebesuchen. Nach einem Jahr zog ich eine Zwischenbilanz und merkte, dass ich dieses Pensum nicht beibehalten konnte, wenn ich weiterhin meine Ehrenämter in Gera ausfüllte.

Meine Frau hatte einen großen Anteil an dieser Entscheidung. Als ich immer wieder aus Berlin ankam, nur kurz meinen Koffer abstellte und gleich weiter in den Stadtrat oder eine der vielen Ausschusssitzungen fuhr, sagte Christine mir eines Abends: »Uwe, wir können uns daran gewöhnen, dass du nicht oft da bist. Aber wir können uns nicht daran gewöhnen, dass du nach Hause kommst und dann doch nicht da bist.« So gab ich meine Ehrenämter in Gera auf. Am schwersten fiel mir der Rücktritt aus dem Stadtrat, weil ich den Eindruck hatte, dass Gott mich einmal klar dorthin berufen hatte – offensichtlich war jetzt dennoch etwas anderes dran. Ein Parteikollege rückte an meiner Stelle nach. Ich war zwar immer noch viel unterwegs, aber jetzt galt: Wenn ich in Gera bin, dann bin ich auch zu Hause. Ich hatte Zeit für die Familie gewonnen.

> Nach einem Jahr zog ich eine Zwischenbilanz und merkte, dass ich dieses Pensum nicht beibehalten konnte.

Richtig weh tat mir meine Entscheidung bei der Kommunalwahl 2019, als die AfD im Stadtrat von Gera so viele Sitze wie CDU, SPD und Grüne zusammen gewann. Durfte ich mich in so einer Situation zurückziehen? Musste ich nicht gerade jetzt politisch aktiv werden? Natürlich wusste ich nicht, ob das Wahlergebnis mit mir auf dem Wahlzettel anders ausgefallen wäre. Da überschätze ich meinen bescheidenen Beitrag keineswegs. Es fiel mir jedoch sehr schwer, nur noch Zuschauer zu sein.

Bei meiner Arbeit in Berlin war es nötig, Brücken zwischen Menschen, Standpunkten und politischen Systemen zu bauen. Ich liebe das, man braucht aber eine hohe Ambiguitätstoleranz, also die Fähigkeit, verschiedene, einander widersprechende Meinungen zu akzeptieren.

Als ich frisch Christ geworden war, hätte ich das nicht gekonnt. Als Suchtkranker brauchte ich einen festen Rahmen und hatte sehr starre Überzeugungen: Sex gehörte in die Ehe. Alkohol wollte ich nie wieder trinken. Spielen sollte kein Thema mehr für mich sein. Damals fehlte mir die persönliche Reife, um zu verstehen, dass es Regeln gab, die mir halfen, während andere Menschen mit einer anderen Lebensgeschichte ihren Glauben auch anders praktizieren konnten. Damals war ich überzeugt, dass jeder, der ein Bier trank, kein echter Christ sein konnte. So wurde aus *meinem* Weg *der Weg Gottes* für alle. Mir persönlich half meine »Enge«, weil sie mir Stabilität und Sicherheit gab, aber andere hätte sie eingesperrt.

Ich hatte Zeit für die Familie gewonnen.

Meine enge Sichtweise brach erst nach einer ganzen Weile auf und wie meistens im Leben geschah es durch Begegnungen. Wie viele fantastische Menschen gibt es, die einer anderen Konfession angehören oder keine Christen sind? Konnte es sein, dass der Gott, der mir ganz persönlich begegnet war, für jeden Menschen einen individuellen Weg hatte – und allen anderen eben gerade nicht genau so begegnen musste, wie ich es erlebt hatte? Wenn Gott wirklich Gott ist, wird meine eigene Erkenntnis immer »Stückwerk« bleiben, wie Paulus es formulierte. So denken zu lernen, machte mich demütiger und führte mich in eine große Weite.

Heute frage ich andere: »Wie erlebst du Gott gerade? Was ist sein Weg mit dir? Was begeistert dich? Woran hast du zu knabbern?« Und ich bin wirklich neugierig auf die Antworten, denn sie zeigen mir, wie vielfältig Gott Menschen begegnet – und auch, wie viele Fragen und Gebete unbeantwortet bleiben.

Ich fand es bereichernd, die verschiedenen Strömungen innerhalb der EAD kennenzulernen. Da gibt es die konservative russlanddeutsche Gemeinde, die keine Frauen als Pastorinnen ordiniert, und es gehören Bewegungen wie »Zwischenraum« dazu, wo sich lesbische und schwule Menschen treffen, die Jesus lieben. Im Raum der Evangelischen Allianz, die ja keine Kirche ist, sondern ein Netzwerk, werden sehr kontroverse Standpunkte vertreten. Wie könnte es auch anders sein? Gott ist ein Gott der Geschichte, der mit den Menschen unterwegs ist – und am Ziel ist noch keiner von uns. Dass Christen sich heftig um die Wahrheit streiten, ist mitunter sehr schmerzlich, besonders wenn man versucht, gemeinsame Positionen in der Politik zu vertreten, aber es ist menschlich und es macht Gott kein Stück kleiner.

Wenn Gott wirklich Gott ist, wird meine eigene Erkenntnis immer »Stückwerk« bleiben.

Unser Leben ist immer geprägt von ähnlichen Spannungen. Vor Kurzem erzählte mir eine ehemalige Prostituierte, dass sie den Ausstieg aus dem Milieu geschafft hatte: »Meine Mutter war drogenabhängig und konnte ihren Dealer nicht bezahlen, da schlug der vor, stattdessen mich als Bezahlung zu nehmen. Ich musste für ihn anschaffen und wurde weggesperrt. Mehrmals wurde ich schwanger und musste abtreiben. Dann bekam ich irgendwoher die Telefonnummer eines katholischen Schutzhauses. Ich floh dorthin und bin jetzt frei.« Was für ein Segen, dass es die katholische Gruppe gibt, die ihr geholfen hat! Bei Gott geht es immer um Menschen und nicht um unseren Mitgliedsausweis bei einer bestimmten Kirche oder um die Unterschrift unter einer dogmatischen Unbedenklichkeitserklärung.

Mein Glaube hat sich entwickelt wie die Ringe im Seewasser, wenn ein Stein hineingeworfen wird: Sie behalten ihr Zentrum und werden doch immer weiter. Das Zentrum ist Jesus, die Ringe sind andere Menschen mit ihrer Geschichte.

Mir fällt es daher heute nicht besonders schwer, eine Vielfalt von Überzeugungen zu akzeptieren. Kräftezehrend ist es, dass ich für genau diese Haltung immer wieder angegriffen werde. Es gibt genügend fromme Leute, die einem das Christsein absprechen, wenn man ihre Position nicht teilt, oder die für sich Freiheitsrechte beanspruchen, die sie anderen verwehren wollen. Am liebsten würde ich manchmal rufen: »Geht's noch? Ich kämpfe auch für deine Freiheit und dafür beleidigst du mich noch?«

Ähnliches gilt für den Umgang einiger Christen mit Politikern. Nach der Bundestagswahl 2021 kam in einer Kirchgemeinde ein älterer Mann auf mich zu und warf mir vor: »Sie haben gesagt, dass man für Politiker beten soll.« »Genau«, antwortete ich, »das ist allerdings nicht meine Idee, sondern ein biblischer Auftrag. Paulus schrieb im ersten Timotheusbrief, dass wir für die Könige und für alle Obrigkeit beten sollen« (1. Timotheus 2,1-2). Der Mann schaute mich kritisch an und sagte: »Da verwechseln Sie etwas.« »Wieso?« »Olaf Scholz hat bei seinem Amtseid als Bundeskanzler die Gottesformel ›So wahr mir Gott helfe‹ nicht benutzt. Das bedeutet, dass er Gottes Hilfe nicht will. Sie können doch nicht Gottes Aufforderung ignorieren, dass wir nicht am selben Joch mit Ungläubigen ziehen sollen. Außerdem müssen Sie den Wunsch des Kanzlers respektieren, der ohne Gott zurechtkommen möchte.« Meine Antwortversuche ließ er nicht gelten. Er warf mir vor, dass ich mir die Bibel so zurechtbog, wie ich sie gerne haben wollte. »Vielleicht machen Sie das gerade?«, fragte ich direkt zurück. Als er sich daraufhin aufregte, brach ich das Gespräch ab.

»Geht's noch? Ich kämpfe auch für deine Freiheit und dafür beleidigst du mich noch?«

Zurück zu Bundeskanzler Olaf Scholz. Was ist unsere Erwartung an einen Spitzenpolitiker? Dass er einen Glauben heuchelt, den er – allem Anschein nach – nicht teilt? Ist es nicht ehrlicher, eine Formel, die in diesem Fall wirklich nur eine Formel wäre, einfach wegzulassen?

Richtig herausfordernd wurden die Dialogversuche während der Coronapandemie, als auch etliche Christen sich Querdenkerparolen zu eigen machten, die nachweislich falsch waren. Wenn ich versuchte, hier ein sachliches und differenziertes Gespräch zu führen, kam oft als Antwort: »Das war klar. Du bist jetzt so viel in Berlin, dass du völlig vom politischen System beeinflusst und verdorben bist. Ich hätte mir gleich denken können, dass man mit dir über geistliche Dinge nicht mehr reden kann.«

Eine solche pauschale Verurteilung von Politikern ist ein Unding. Sollten nicht gerade Christen ihnen im Geist der Liebe begegnen? Und ist es nicht vernünftig, so weit wie möglich an gemeinsamen Zielen zu arbeiten, auch wenn das Kompromisse erfordert?

Eine solche pauschale Verurteilung von Politikern ist ein Unding.

»Mein Gott«, dachte ich manches Mal, »wieso gibt es unter uns Christen so viele Verrückte?« Und dann hörte ich innerlich, wie Gott mit einem Schmunzeln in der Stimme antwortete: »Und genau diese Verrückten habe ich lieb. Das müsstest du doch wissen.« Tja, dann schließt mich das wohl mit ein.

Eine Frage des Herzens

Was ich habe, kann ich verlieren.
Was ich kann, mag vergehen.
Wer ich bin, bleibt mir immer: Es ist ein Geschenk.

Mein Orthopäde warf noch einen kurzen Blick aufs Röntgenbild. Dann verkündete er mir: »Inzwischen haben Sie eine Arthrose in der Hüfte und durch die Schiefstellung ist Ihre untere Bandscheibe im Lendenbereich fast weggeraspelt worden. Das verursacht Ihre Schmerzen.« Dass das wehtun musste, konnte ich mir nicht nur vorstellen – ich erlebte es täglich. »Und was empfehlen Sie mir?«, fragte ich. »Da hilft nur eine Operation«, stellte er klar.

Nach meinem Autounfall als kleines Kind hatte ich immer wieder Probleme mit meiner Hüfte und dem Rücken gehabt. Als Teenager und Jugendlicher merkte ich noch wenig davon. Die meisten Jahre meines Erwachsenenlebens hatte ich Schmerzen, doch sie waren auszuhalten. Sie kamen, aber sie gingen auch wieder. Im Sommer 2020 war meine Lebensqualität allerdings so stark eingeschränkt, dass ich nicht mehr weiterwusste. Schlafen konnte ich nur noch mit starken Schmerzmitteln, sonst war nicht an Ruhe zu denken.

Nach der Diagnose des Orthopäden meldete ich mich in einer Fachklinik zur OP an. Wir besprachen schon die Details, als einem der Ärzte Zweifel kamen. »Wir haben Ihnen ja bereits gesagt, dass wir für die Erfolgsaussichten keine Garantie übernehmen können. Tatsächlich gibt es inzwischen auch andere Möglichkeiten. Wollen Sie nicht noch einmal einen anderen Weg versuchen?« Ich kam also nicht unters Messer, sondern in eine Schmerztherapie. Dort begann ich, die schmerzenden Stellen mit Eis abzureiben, lernte hilfreiche Gymnastikübungen und erhielt psychologische Beratung.

Für mich war es ein Wunder: Die Therapie schlug an. Ich machte meine Übungen, stellte meine Ernährung um, trieb wieder mehr Sport und die Schmerzen verschwanden. Ich hätte kaum mehr erwartet, so viel Lebensqualität zurückzugewinnen.

Für mich war es ein Wunder: Die Therapie schlug an.

Regelmäßig machte ich Nordic Walking. Im Spätherbst war ich in Gera auf meiner gewohnten Strecke unterwegs. Längst war ich an die Bewegung gewöhnt, doch diesmal war alles anders. Die Strecke verlief zwar topfeben, aber plötzlich blieb mir die Luft weg. Ich hechelte so, als hätte ich einen steilen Anstieg hinter mir oder ein Rekordtempo vorgelegt, dabei war ich gerade langsamer als je zuvor. Auf einmal wurde mir so schlecht, dass ich mich übergeben musste. Schnell kamen Passanten und fragten nach: »Was ist los? Brauchen Sie Hilfe? Geht es Ihnen nicht gut? Sollen wir einen Arzt holen?« Ich winkte ab. »Ich brauche nur eine Pause.« Sehr langsam und vorsichtig schlich ich heim.

Ich war beunruhigt – so etwas hatte ich noch nie erlebt. Daher fuhr ich zu meiner Ärztin und sie untersuchte mich. Nichts. Sie vermutete: »Sie haben ja immer mal mit allergischem Asthma zu tun. Jetzt im Herbst ist es wieder kühler, vielleicht haben die Heizkörper zu viele Hausstaubmilben aufgewirbelt.« Sie verschrieb mir ein Asthmaspray. Leider ging es mir damit nicht besser. Zu Hause lief ich unsere Treppen hinauf, als wäre ich mein eigener Großvater, und auch sonst war ich nach wenigen Schritten völlig außer Atem.

Am 12. Dezember, dem Geburtstag unserer jüngsten Tochter Livia, wurde noch ein letztes Geschenk per Paketdienst angeliefert. Als es klingelte, ging ich hinunter und nahm es in Empfang. Dann trug ich es die Treppe hinauf und setzte mich anschließend an den Esstisch. Wieder bekam ich keine Luft, ich war nass geschwitzt und mir war schwarz vor Augen. Appetit hatte ich sowieso nicht, deshalb legte ich mich kurz hin.

»Das ist kein Asthma«, ging mir durch den Kopf. »Das ist etwas Ernstes.« Also tat ich das, wovor die meisten Ärzte warnen: Ich googelte meine Symptome. Das Ergebnis gefiel mir überhaupt nicht: »Verdacht auf Herzinfarkt« stand dort. »Rufen Sie den Notarzt!« Das taten wir.

In der Klinik wurde der Verdacht schließlich bestätigt: Herzinfarkt. Am nächsten Tag wurde eine Herzkatheteruntersuchung gemacht. Es war Sonntag und man merkte dem behandelnden Arzt an, dass er lieber daheim bei seiner Familie wäre statt im Krankenhaus. Während er mir den Schlauch in den Arm schob, meinte er: »Dauert nur zwanzig Minuten.« Doch nach zweieinhalb Stunden war er immer noch nicht fertig. »Wie alt sind Sie?«, fragte er zwischendrin und holte sich dann selbst die Antwort aus meiner Patientenakte. »Sechsundfünfzig. Na ja, Ihrem Herzen nach könnten Sie auch siebenundachtzig sein. Ihre Kranzgefäße sind komplett zu.« Er setzte mir fünf Stents und kündigte gleich an, dass eventuell noch mehr nötig wären.

»Verdacht auf Herzinfarkt« stand dort. »Rufen Sie den Notarzt!«

Nach ein paar Tagen konnte ich wieder nach Hause und stellte mich bei meiner Hausärztin vor. Sie wurde blass, als sie den Befund las, und sagte: »Meine Güte, da sind Sie dem Tod aber gerade noch einmal von der Schippe gesprungen.«

Im Krankenhaus hatte ich ein Aha-Erlebnis. Als ich dort lag und an zig Maschinen zur Überwachung angeschlossen war, wurde mir langweilig. Aus alter Gewohnheit nahm ich mein Smartphone in die Hand und ging meine Mails durch. Von einem Moment auf den anderen begannen um mich herum Lämpchen zu blinken und Alarme zu piepsen. Die Geräte spielten verrückt.

Eine Ärztin kam zu mir ins Zimmer gerannt und fragte atemlos: »Was ist denn hier los? Was haben Sie gemacht?« Irritiert antwortete ich: »Ich habe nur meine E-Mails angeschaut.« Ich warf noch einen Blick aufs Handy, bevor ich es weglegte. Ein guter Bekannter von mir hatte mir seine neuesten Verschwörungs- und Verfolgungsgedanken rund um Corona geschickt. Beim Lesen war mein Blutdruck durch die Decke gegangen und ich hatte es gar nicht bemerkt. Ohne die Geräte, an die ich gerade angeschlossen war, hätte ich nie gespürt, was diese Art der Kommunikation mit meinem Körper anstellte.

»Meine Güte, da sind Sie dem Tod aber gerade noch einmal von der Schippe gesprungen.«

Ich musste mir eingestehen, dass ich im Alltag unter einem enormen Druck stand. Nur bekam ich sonst kein Biofeedback, sondern nahm mir das Ganze einfach unbemerkt »zu Herzen« – im tiefsten Sinne des Wortes.

Diese Tage im Dezember mit meinem Herzinfarkt und der Zeit in der Klinik waren nicht nur bedrohlich und dann lebensrettend, sie zeigten mir letztlich auch, dass ich nicht mehr so wie bisher leben und arbeiten konnte.

Eine erste Folge für mich war, dass ich der Person, die mich regelmäßig mit ihren Mails versorgte, schrieb: »Bitte nimm mich von deiner Mailingliste. Ich kann und will deine Infos nicht mehr lesen.« Menschen mit starkem Sendungsbewusstsein ficht so etwas allerdings nicht an: Die Infos kamen nach wie vor. Aber zum Glück gibt es Spamfilter und ab jetzt wanderten die Nachrichten meines besonderen Freundes direkt in den Spamordner und von dort ungelesen in den Papierkorb.

Anschließend sprach ich mit meinen Vorgesetzten. Ich erklärte ihnen, dass ich mich aus der gerade vorherrschenden Erregungskultur ausklinken und allgemein kürzertreten musste. Das war nicht ganz leicht, weil als Politikbeauftragter täglich Dutzende von Nachrichten auf allen Kanälen auf mich einströmten.

Aus dem Krankenhaus ging es zunächst für fünf Wochen in eine Reha-Klinik. Ich erholte mich sehr gut. Doch als ich wieder in Berlin am Schreibtisch saß und meinen Blutdruck maß, war er gleich dreißig Punkte höher als zu Hause. Ich merkte sehr bald, dass mein Herz mein gesamtes Arbeitsleben beeinflussen würde.

Natürlich stellte ich mir die Frage, ob ich damit in meiner Aufgabe als Politikbeauftragter der Evangelischen Allianz noch an der richtigen Stelle war. Diese Frage stellte ich auch in meinem Umfeld. Die Antworten waren überraschend eindeutig. Ja. Aber mit eingeschränktem Pensum. Auch der Generalsekretär und der Vorsitzende der Allianz, meine Vorgesetzten, reagierten mit großer Wertschätzung und ermutigten mich, in meinem Amt zu bleiben: »Wenn du in Zukunft nur noch die Hälfte deiner bisherigen Arbeit schaffst, dann ist das nicht schlimm. Und wenn wir dich aus bestimmten Themen herausnehmen sollen, sag Bescheid.«

Eine Ironie des Schicksals war für mich, dass die Coronapandemie, das Aufregerthema schlechthin, für meine eigene Gesundheit hilfreich wurde. Vorträge und Predigten in Kirchen und Gemeinden wurden abgesagt. Ich musste sie noch nicht einmal selbst streichen, stattdessen meldeten sich die Veranstalter bei mir: »Es tut uns leid, Herr Heimowski, aufgrund der Infektionslage können wir die Veranstaltung mit Ihnen leider nicht durchführen …« Ich arbeitete wieder, aber mit viel weniger Aufwand und Reisen.

Kräftemäßig zog mir der Herzinfarkt den Stecker. Wo ich vorher eine Woche am Stück durcharbeiten konnte, brauchte ich jetzt immer wieder Pausen und freie Tage. Gleichzeitig erlebte ich, dass sich trotz meiner limitierten Möglichkeiten die Reichweite erhöhte. Ein Beispiel: Kurz vor der Bundestagswahl 2021 traf ich mich per Zoom mit Tobias Teichen, dem Pastor des ICF München, und wir sprachen in einer Talksendung über Politikfragen, die Interessierte vorher eingereicht hatten. Über zwanzigtausend Menschen schalteten sich dazu und verfolgten unser Gespräch. Live hätten wir bei Weitem nicht so viele erreicht.

Kräftemäßig zog mir der Herzinfarkt den Stecker.

Auch neue Formate entstanden. Ich überlegte länger, wie es möglich wäre, etwas vom Glauben und den Werten einzelner Abgeordneter in die Welt der Evangelischen Allianz und zu den Christen im Land zu transportieren. Die Idee zu einem Gesprächsabend entstand. Dazu luden wir Bundestagsabgeordnete in unser Büro ein, das wir vorher jeweils leer räumten. Mit den Abgeordneten sprach ich ungefähr eine Dreiviertelstunde über ihren Glauben und ihre Werte, bevor sich die Zuschauer mit ihren Fragen einschalten konnten. Es waren Frauen und Männer aus verschiedenen Parteien: Wolfgang Thierse (SPD), Marie-Luise Dött (CDU), Dietmar Nietan (SPD), Otto Fricke (FDP) oder auch Petra Pau (Die Linke). Das Ziel war, die Menschen hinter den Politikern sichtbar zu machen, und ich staunte, wie persönlich und offen diese Gespräche waren. Die Zuschauer waren eingeladene Interessenten, die sich nach Abschluss des Talks noch bei einem Imbiss mit den Politikern unterhalten konnten – mehr als fünfundzwanzig passten leider nicht in unser Büro.

Dann kam die Coronapandemie und das Ganze konnte nicht weitergeführt werden. Ein befreundeter Journalist meldete sich bei mir und sagte: »Ich habe von eurem Format gehört. Ich finde, wir sollten es fürs Fernsehen fortsetzen. Können wir das nicht mit *Bibel TV* produzieren?« So entstand *In Verantwortung – der persönliche Talk aus Berlin*. Die Sendungen waren etwas kürzer, dafür war die Reichweite enorm – und sie sind heute noch in der Mediathek des Senders abrufbar beziehungsweise werden dort wiederholt. Das Sympathische daran ist, dass hier niemandem das Wort im Munde herumgedreht wird, um die Lacher auf der eigenen Seite zu haben oder jemanden vorzuführen und Schlagzeilen zu produzieren. Stattdessen war das Miteinander immer von großer gegenseitiger Wertschätzung und echtem Interesse geprägt – kein Wunder, dass Politikerinnen und Politiker aus fast allen Parteien kamen.

Solches Entwickeln von Formaten, um Öffentlichkeit herzustellen, gehörte zu meinen Aufgaben bei der Evangelischen Allianz. Natürlich freute es mich, wenn es so gut funktionierte wie bei dem Talk *In Verantwortung*.

Schon eine Weile dachte ich darüber nach, auch einen Podcast zu machen. Ursprünglich schwebte mir vor, einmal im Monat mit einem Journalisten über aktuelle Entwicklungen in der Politik zu sprechen und sie aus christlicher Perspektive einzuordnen. Hier und da brachte ich diese Idee an, aber sie zündete nicht so richtig, bis ich mit Jörg Dechert, dem Vorstandsvorsitzenden von *ERF – Der Sinnsender*, ins Gespräch kam. Wir kannten uns aus verschiedenen Gremien, hatten beim Gemeinde-Ferienfestival SPRING Bibelarbeiten zusammen gehalten und schätzten die Meinung des anderen sehr.

Schließlich sprach ich ihn an: »Könntest du dir vorstellen, einen gemeinsamen Podcast zu machen?« Ich erklärte ihm meine Idee und er winkte ab: »Das darf nicht nur politisch sein, sonst interessiert es zu wenige.« Wir diskutierten noch eine Weile und dann meinte er: »So einen Umgang mit kontroversen Themen bekommen wir nur hin, wenn wir eine hohe Wertschätzung füreinander haben. Bevor wir jetzt in die Planung gehen, schreib mir doch mal auf einer Seite auf, warum du diesen Podcast unbedingt mit mir machen möchtest, und ich schreibe dir dasselbe. Dann sehen wir weiter.« Diese Idee war genial, denn so hielten wir direkt zu Beginn fest, warum wir uns mochten, wo wir uns unterschieden und wie wir uns ergänzen konnten.

Danach stand dem Podcast nichts mehr im Weg. Miteinander entwickelten wir die Idee zu *Wegfinder – Jesus folgen in einer komplexen Welt*. Seit Januar 2022 sprechen der promovierte Physiker und ich als Theologe darin über unterschiedliche Themen – das reicht von »Krieg und Frieden« über »Das Kreuz und das Klima« bis zu »Durststrecken« oder »Trauer«. Alle vierzehn Tage erscheint eine neue Folge mit ethischen, biblischen oder ganz allgemeinen Themen. Zu Beginn hatten wir noch die heimliche Angst, dass uns der Stoff ausgehen könnte – nach zwei Jahren können wir sagen: Das wird so bald nicht geschehen. Auch hier entstand schnell eine große Reichweite. Das Feedback zeigt uns, dass es Menschen weiterhilft, wenn wir uns transparent und persönlich mit schwierigen Themen auseinandersetzen, auch schwere Fragen aushalten, ohne immer eine Antwort zu finden, aber gleichzeitig an Jesus und seiner Nachfolge festhalten. Hier merke ich besonders, dass ich im Herzen ein Prediger und Theologe bin. Inzwischen hat der Podcast viereinhalbtausend Follower. Sicher gibt es reichweitenstärkere, aber in den meisten Gottesdiensten sitzen erheblich weniger Menschen.

> Ich konnte viel weniger tun als vorher, aber Gott hat etwas daraus gemacht.

Trotz meiner geringeren Kraft kam so beinahe mehr heraus als vorher. Ähnliches geschah bei meiner eigentlichen Aufgabe im Bundestag. Im Normalfall hätte ich viele Kontakte gepflegt und mich für zahlreiche Themen starkgemacht. Das ging nun nicht mehr. Ich konzentrierte mich also auf ein Anliegen: Die neue Bundesregierung wollte die Stelle des Regierungsbeauftragten für weltweite Religions- und Weltanschauungsfreiheit nach nur einer Legislaturperiode wieder streichen. Im Namen der Evangelischen Allianz setzte ich mich für deren Erhalt ein. Wir brauchten jemanden, der sich qua Amt für dieses zentrale Menschenrecht engagiert und es damit aus der kirchlichen Nische herausholt und zu einem allgemeinen Thema der Politik macht. Tatsächlich wurde das Amt fortgeführt und im Januar 2022 wurde Frank Schwabe aus der SPD dafür eingesetzt. Natürlich waren wir nicht die Einzigen, die sich für den Erhalt einsetzten, aber wir spielten eine Rolle dabei. Ein Feedback, das ich unter der Hand erhielt, lautete folgendermaßen: »In Gedanken hatten wir diese Stelle bereits gestrichen, doch wir hatten so viele Baustellen im Koalitionsvertrag, dass wir nicht auch noch Stress mit der Evangelischen Allianz wollten.« All das zeigt mir: Ich konnte viel weniger tun als vorher, aber Gott hat etwas daraus gemacht.

Immer noch von Gott gebraucht

Nur wer die Klinke drückt, weiß, ob eine Tür offen ist.

Langsam ebbte die Pandemie ab, und auch meine Gesundheit ließ es wieder zu, dass ich reiste. Im Mai 2022 ging es nach Pakistan. Mit zwei Pastoren der pfingstkirchlichen *Aktion verfolgte Christen (AvC)* war ich zu einer Konferenz eingeladen. Dabei besuchten wir auch eine christliche Gemeinde. Deren Gründer hatte es nicht hinnehmen wollen, dass das islamisch verfasste Land seine 1,6 Prozent Christen permanent unterdrückt. Bei zweihundertdreißig Millionen Einwohnern sprechen wir immerhin von vier Millionen Christen. Es sind praktisch alle ethnische Christen, sie stammen also aus christlichen Familien, denn Mission und ein Wechsel der Religionszugehörigkeit ist Muslimen in Pakistan verboten. Wer missioniert oder sich als Christ nur ungeschickt verhält, gerät schnell in den Verdacht, Allah zu lästern, und kann wegen Blasphemie angeklagt werden. Das bekannteste Beispiel dafür ist die katholische Christin Asia Bibi, die unter dieser Anklage acht Jahre lang auf ihre Hinrichtung wartete, bevor sie nach internationalen Protesten schließlich freigelassen wurde und ausreisen durfte.

Der Gedanke der Gotteslästerung ist omnipräsent. Im Gottesdienst setzte ich mich auf einen Stuhl und legte meine Bibel neben mich auf den Boden. Sofort sprang der Pastor herbei und hob sie auf. »Tu das lieber nicht!«, erklärte er. »Das geht bei uns kulturell nicht. Außerdem ist die Bibel auch bei Muslimen ein heiliges Buch, und wer etwas Heiliges in den Schmutz legt, kann der Blasphemie angeklagt werden.«

Tausende Familien befinden sich in Schuldsklaverei und schuften sechzehn bis achtzehn Stunden täglich in Ziegeleien oder verrichten andere Zwangsarbeit.

Viele der als Christen geborenen Pakistani wissen wenig über ihren Glauben. Als Nichtmuslime haben sie – wie auch andere religiöse Minderheiten – nur eingeschränkte Bürgerrechte. Tausende Familien befinden sich in Schuldsklaverei und schuften sechzehn bis achtzehn Stunden täglich in Ziegeleien oder verrichten andere Zwangsarbeit. Wer, wie die meisten Christen, keine Schule besuchen kann, dem bleiben nur einfache Berufe, mit denen sich gerade eben das tägliche Auskommen erwirtschaften lässt: als Haushaltshilfe, als Verkäufer, Näherin oder auf dem Feld. Wenn ein Kind erkrankt und Medizin braucht, reicht der Verdienst dafür nicht aus. Oft verleiht der Arbeitgeber dann Geld mit völlig überzogenen Zinsen. Wer den Kredit nicht bedienen kann, gerät in den Teufelskreis der Schuldknechtschaft. Und wer diese Schulden nicht abarbeiten kann, vererbt sie. So gibt es viele Familien, die sich bereits seit Generationen in Schuldsklaverei befinden.

Ich erfuhr, dass es auch weit verbreitet war, dass ein Geldgeber seinem Schuldner anbot: »Ich erlasse dir die Schulden, aber dafür bekomme ich deine Tochter.« Viele Christen sehen keinen anderen Ausweg und geben ihre zwölf- oder dreizehnjährigen Töchter her, die dann vielleicht mit dem fünfzigjährigen Onkel des Arbeitgebers verheiratet werden.

Wir trafen pakistanische Christen, die sich damit nicht zufriedengaben: »Genau diesen Menschen dürfen wir von Jesus erzählen. Sie gelten nicht als Muslime und sie haben Hoffnung bitter nötig.«

Die Situation der Menschen verbessert sich oft drastisch, wenn sie zum persönlichen Glauben finden. Aus ethnischen Christen werden überzeugte Jesusnachfolger, die bereit sind, sich aus ihrer Lage zu befreien. Um ihnen einen Ausstieg aus ihrer prekären Situation zu ermöglichen, hat die Kirche, die wir besuchten, eine große Schule in Peschawar gegründet. Diese Stadt gilt als Tor nach Afghanistan und die Lage der Christen dort ist besonders schwierig. Immer wieder kam es zu gewalttätigen Aktionen. Trotzdem platzte die Schule aus allen Nähten. Die Schüler waren Christen, Hindus und Sikhs, nur Muslime durften sie nicht besuchen.

Vierhundert Kinder erhielten dort eine Schulausbildung, die ihnen helfen sollte, die Fesseln der Armut abzustreifen. Die Schulleiterin erzählte mir: »Wissen Sie, ich habe meine Eltern als kleines Mädchen verloren und dann jahrelang auf der Straße gelebt. Missionare haben mir geholfen und mir deutsche Pflegeeltern vermittelt. Ich habe Jesus kennengelernt und konnte ein ganz neues Leben beginnen. Dasselbe wünsche ich mir für meine Schülerinnen und Schüler.«

Ich fand es faszinierend, zu sehen, wie der Glaube das Leben radikal veränderte und nebenbei noch dafür sorgte, dass Schulen gebaut und betrieben wurden.

Damit ist die Entwicklung aber noch lange nicht zu Ende. Die Kirche baute gerade einen mobilen medizinischen Dienst auf, damit nicht weitere Familien durch die nächste Erkrankung in finanzielle Schwierigkeiten gebracht würden. Ein Team aus Ärzten und Schwestern besuchte diejenigen, die Hilfe brauchten – auch eine eigene Apotheke gehörte zum Programm.

Der Pastor strahlte, als er mir all das erklärte, und ergänzte gleich: »Unsere nächste Idee ist es, den ehemals Verschuldeten zu einer guten Arbeit zu verhelfen. Dafür bauen wir eine Art Stellenbörse auf und überlegen gleichzeitig, wo wir selbst Arbeitsplätze schaffen können.«

Viele glauben ja, dass Mission und Entwicklungszusammenarbeit auf keinen Fall miteinander funktionieren. In Pakistan zeigt sich gerade das Gegenteil: Hier sind sie aufeinander angewiesen. William Booth, der Gründer der Heilsarmee, sagte einmal: »Wenn man Länder verändern will, muss man Städte verändern. Wenn man Städte verändern will, muss man Stadtteile verändern. Wenn man Stadtteile verändern will, muss man die Familien verändern, die darin wohnen. Wenn man Familien verändern will, dann muss man ihre einzelnen Mitglieder verändern. Und wenn man einen einzelnen Menschen verändern will, muss man sein Herz verändern. Wer also die Gesellschaft revolutionieren möchte, muss damit beginnen, Herzen zu verändern, aber damit nicht aufhören.« Genau das geschah hier in Pakistan.

»Wer also die Gesellschaft revolutionieren möchte, muss damit beginnen, Herzen zu verändern, aber damit nicht aufhören.«

Gerd Müller, der langjährige Minister für Entwicklungszusammenarbeit von der CSU, äußerte bei einer Konferenz im Bundestag: »Wenn wir gute Entwicklungsarbeit machen wollen, müssen wir unbedingt auch mit den religiösen Akteuren ins Gespräch kommen. Einerseits, weil die Leute nun einmal gläubig sind – da ist Deutschland einfach die Ausnahme. Andererseits, weil sich Konflikte vor Ort oft nur über die Beteiligung der verschiedenen religiösen Oberhäupter beilegen lassen.«

Ein gutes Beispiel dafür ist Nigeria. Der Norden ist muslimisch geprägt und immer wieder wegen der Gewaltaktionen der islamistischen Boko Haram Gesprächsthema. Der Süden ist christlich geprägt, aber leider herrscht eine starke Korruption. In der Mitte stoßen beide Gruppen aufeinander. Der Wendepunkt ist oft ein Ort, an dem eine Kirche und eine Moschee unter einem Dach sind, ein Ort, für den sich Muslime und Christen gleichermaßen eingesetzt haben. Hier besteht die Chance auf Versöhnung.

Trotz meiner Reisen war ich viel mehr zu Hause als früher. Mein Herzinfarkt war nicht nur beruflich ein Einschnitt, sondern auch in der Familie. Vorher war ich jahrelang von Schmerzen geplagt – ich konnte kaum länger als zwei Stunden am Stück schlafen und tigerte oft nachts durchs Haus. Tagsüber war ich dann unausgeschlafen und gereizt. Nun ging es mir wesentlich besser.

Der Infarkt selbst geschah ja am zwölften Geburtstag unserer jüngsten Tochter. Natürlich hatten wir ihr gesagt, dass sie auf jeden Fall weiterfeiern sollte – und gleichzeitig war sie in Gedanken bei mir und machte sich Sorgen um ihren Papa. Eine Zeit lang durfte ich noch nichts Schweres heben. Wenn ich dann nach der Arbeit nach Hause kam, rannte sie mir gleich entgegen und fragte: »Soll ich deinen Koffer nehmen?« Wenn sie ihn hochtrug, war das nicht nur Hilfsbereitschaft, dahinter steckte auch die Angst, dass mir wieder etwas passieren könnte.

Zur Weihnachtszeit galten noch viele Beschränkungen, um die Pandemie einzudämmen. Wir hätten uns also nur mit vier weiteren Personen treffen können, nicht einmal mit all unseren Kindern und deren Partnern. Obwohl ich die meisten Coronamaßnahmen durchaus richtig fand, setzten wir uns über diese Regelung hinweg. Nach dem Herzinfarkt wollten wir einfach alle zusammen sein.

Zum ersten Mal seit Langem schrieb ich jedem einzelnen Kind einen ausführlichen Brief. Ich sagte ihnen, was ich an ihnen schätzte und dass ich sie liebte. Sie sind in Christines und meinem Leben das größte Geschenk überhaupt.

Christine und ich überlegten schon eine Weile, wie wir unseren Alltag ab jetzt entschleunigter gestalten konnten. Eine Idee stand schon länger im Raum – nun setzten wir sie um: Wir wünschten uns zur Silberhochzeit Geld für eine Sauna. Eine ansehnliche Summe kam zusammen und wir kauften uns eine Fasssauna für den Garten, die wir seitdem möglichst einmal pro Woche nutzen. Wir brechen darin keine Hitzerekorde, sondern entspannen uns einfach bei moderaten Temperaturen.

Zum ersten Mal seit Langem schrieb ich jedem einzelnen Kind einen ausführlichen Brief. Ich sagte ihnen, was ich an ihnen schätzte und dass ich sie liebte.

Unser neues und achtsameres Miteinander tat uns gut. Selbst unsere Kinder merkten: »Hey, der Herzinfarkt hat euch viel verliebter gemacht als vorher.«

Ein halbes Jahr nach dem Herzinfarkt war ich gut auf dem Weg der Besserung, doch plötzlich kamen meine Atembeschwerden zurück. »Das darf nicht sein«, meinte meine Ärztin. »Irgendetwas stimmt hier nicht.« Ich versuchte, einen Termin in der Kardiologie zu vereinbaren, aber Corona machte mir einen Strich durch die Rechnung: Die Krankenhäuser waren überlastet, ich wurde auf eine Warteliste gesetzt. Vier Monate musste ich auf meine Untersuchung warten. Als ich dann an der Reihe war, erhielt ich vier weitere Stents; Gott sei Dank hatte ich keinen weiteren Herzinfarkt bekommen.

Eine Freundin von uns, die selbst Ärztin ist, sprach mich während dieser Zeit darauf an, dass sie beim Beten einen Eindruck gehabt hätte: »Du solltest unbedingt mal deine Lipoproteinwerte abklären lassen. Es könnte gut sein, dass deine Herzprobleme erblich bedingt sind.« Ich ließ sie untersuchen und tatsächlich war das die Ursache. Zu diesem Zeitpunkt führte die Universität Jena gerade eine Studie zur Wirkung eines neuen Medikaments durch. Ich bewarb mich als Teilnehmer, wurde aufgenommen und erhalte nun einmal im Monat eine Spritze. Seither haben sich meine Blutwerte stabilisiert. Gott ist gut!

Neue Herausforderungen

> Wer das Falsche tut, sollte nicht den Einsatz erhöhen, sondern aufhören.

»Ist das, was du jetzt machst, das Letzte, was du vor dem Ruhestand getan haben willst?« Diese Frage stand eine Weile im Raum, bevor ich sie beantwortete. Mein Coach Olaf Kormannshaus, ein Pastor und Psychologe im Ruhestand, sah mich interessiert an. Ich hatte mich entschieden, seine Hilfe in Anspruch zu nehmen, um mein Leben nach dem Herzinfarkt neu zu sortieren. Deshalb traf ich mich mit diesem – man kann schon sagen – väterlichen Freund etwa alle sechs Wochen. Er stellte vor allem spannende, hilfreiche Fragen. So wie jetzt. Ich brauchte Zeit, um darauf zu reagieren, dabei war mir die Antwort postwendend durch den Kopf gegangen: »Nein. Das ist es nicht.«

Ich liebte meine Arbeit, aber in der Zeit nach dem Herzinfarkt wurde mir einiges klar, was ich vorher nicht wahrgenommen hatte: Der Stress nahm mich körperlich mehr in Anspruch, als ich dachte – vom steigenden Blutdruck habe ich ja schon berichtet.

Ich hatte meine Zeit in Berlin immer als Berufung gesehen und ich tue das bis heute, aber nicht nur mein Körper zeigte mir deutlich: Meine Aufgabe hier näherte sich dem Ende. Die herausfordernde Frage meines Coachs half mir auf die Spur. »Nein, diese Arbeit will ich nicht bis zur Rente machen. Lieber möchte ich noch einmal etwas tun, woraus konkrete Projekte entstehen, die bei den Menschen ankommen.«

Wir sprachen noch eine Weile darüber, wie solch eine Arbeit aussehen könnte. Eine starke soziale Komponente sollte sie haben und gern auch im internationalen Kontext stattfinden. Nun schob mein Coach die nächste Herausforderung nach, er lächelte mich an und sagte: »Uwe, du bist jetzt achtundfünfzig und wirst voraussichtlich mit siebenundsechzig in Rente gehen. Wenn du noch einmal etwas Neues machen willst, solltest du nicht zu lange damit warten.«

Damit hatte ich Stoff zum Nachdenken. Als ich wieder daheim in Gera war, sprach ich gleich mit Christine darüber. Sie sagte nur: »Das überrascht mich gar nicht, ich hab schon länger den Eindruck, du solltest zu einer NGO wechseln und eher an konkreten Projekten arbeiten.« Aber zu welcher Nichtregierungsorganisation sollte ich gehen? Und wann? Weil mir sehr deutlich war, *dass* ich weiterziehen sollte, kündigte ich bald darauf, noch bevor ich wusste, *wie* es weitergehen würde. Dafür suchte ich das Gespräch mit den beiden Vorständen der Evangelischen Allianz, die aus allen Wolken fielen, meine Gedanken aber gut nachvollziehen konnten.

»Lieber möchte ich noch einmal etwas tun, woraus konkrete Projekte entstehen, die bei den Menschen ankommen.«

Die EAD befand sich gerade in einem grundlegenden Strukturprozess, der noch einige Monate dauern würde. Da von meiner Seite keine Eile geboten war, einigten wir uns darauf, dass ich während dieser Zeit noch bleiben würde – unter dem Strich bedeutete das ein Dreivierteljahr. Nach ein paar Monaten begannen wir, meinen anstehenden Weggang in den ersten Gremien bekannt zu geben. Je weitere Kreise die Nachricht zog, desto mehr Anfragen und Angebote erhielt ich. Ich empfand dies als eine schöne Bestätigung für meinen neuen Weg, denn für einen bald Sechzigjährigen mit Herzproblemen sind attraktive Jobangebote keine Selbstverständlichkeit. Aus Gemeinden wurde ich angefragt, ob ich als Pastor arbeiten wollte, oft auch in Verbindung mit bemerkenswerten Sozialprojekten. Aus verschiedenen Werken erhielt ich Anfragen für unterschiedliche Aufgaben. Irgendwann meldete sich der Vorstand von *Tearfund Deutschland*, mit dem ich schon seit Jahren freundschaftlich verbunden bin: »Uwe, wollen wir mal zusammen essen gehen?« Daraus wurde die konkrete Frage, ob ich mich auf seine Nachfolge bewerben wollte.

Tearfund ist ein Akronym, es steht für *The Evangelical Alliance Relief Fund* und wurde 1968 von der Evangelischen Allianz in England gegründet. Der bekannte Theologe John Stott war der erste Internationale Präsident und arbeitete federführend an eigenen Hilfsprojekten sowie an der Vernetzung mit anderen Arbeiten wie zum Beispiel der *Micha-Initiative* für Gerechtigkeit und nachhaltige Entwicklung. In Deutschland ist *Tearfund* noch relativ jung. 2019 ging es aus *World Relief* hervor. *Tearfund* arbeitet in der Nothilfe und der Entwicklungszusammenarbeit, der deutsche Fokus liegt vor allem auf Afrika und dem Nahen und Mittleren Osten. Ein wichtiger Ansatz von *Tearfund* nennt sich »Church and community transformation«, frei übersetzt: »Kirchen verändern die Welt.« Es geht darum, Partner vor Ort darin zu unterstützen, gesellschaftliche Verantwortung zu übernehmen. Armut, so die Überzeugung von *Tearfund*, lässt sich nur gemeinsam überwinden.

Ich fühlte mich sehr angesprochen. Das war genau das, was wir in Gera in unserer Gemeinde lebten, doch hier fand es auf internationalem Parkett statt. Und es war, wenn man so will, eine Fortsetzung sowohl meiner Arbeit als Referent für Menschenrechte als auch bei der Evangelischen Allianz. Mein Eindruck war: Da zeigt sich Gottes roter Faden, der sich durch mein Leben und meinen Dienst zieht.

Es gab allerdings einen Haken bei der Sache: Die ausgeschriebene Stelle war die des geschäftsführenden Vorstands mit voller Verantwortung für Finanzen und Personal. »Was meinst du, schaffe ich das gesundheitlich überhaupt?«, fragte ich meinen Coach bei einem der nächsten Gespräche. »Das schauen wir uns mal genauer an«, entgegnete er. Wir kamen zu dem Schluss, dass ich mir das ruhig zutrauen könnte, es war eine andere Art der Belastung als bisher. Im neuen Umfeld wären meine Themen klarer abgegrenzt: Es ging um humanitäre Hilfe und Gerechtigkeit – ich musste mich nicht mehr zu allen Fragen äußern und Stellung beziehen und damit zwischen alle Stühle setzen. Zu Armut, globaler Gerechtigkeit oder Geschlechtergerechtigkeit meine Stimme zu erheben, würde mir nicht schwerfallen, da war ich sicher. Als das geklärt war, bewarb ich mich. Die Gespräche verliefen positiv und zum 1. Mai 2023 begann ich meine Tätigkeit bei *Tearfund Deutschland* in Berlin.

Da zeigt sich Gottes roter Faden, der sich durch mein Leben und meinen Dienst zieht.

In meiner ersten Woche stand eine Tagung mit den Leitern des weltweiten *Tearfund*-Netzwerks in den Niederlanden an. Dadurch lernte ich sehr schnell sehr viel über die Arbeit und die Menschen, die sie verantworteten. Gleichzeitig war es ungewohnt und anstrengend für mich, tagelang Englisch zu sprechen und die verschiedenen Akzente zu hören. Doch zugleich fühlte es sich gut an, in meinem Alter noch einmal so herausgefordert zu werden und viel Neues zu lernen. In der zweiten Woche wollte ich das Team in

Berlin kennenlernen, aber ich hatte mich in Holland mit Corona angesteckt und verbrachte die nächste Woche erst einmal im Bett. Die Begegnung mit meinen neuen Kolleginnen und Kollegen in Berlin holte ich anschließend nach. Ich bin immer noch begeistert von diesem hochkompetenten und kreativen Team. Zwölf Mitarbeiter sind es in Berlin, sieben Kollegen sind im Ausland tätig.

Im Juli besuchte ich die ersten Projekte in der Türkei und im Südsudan. Das katastrophale Erdbeben in der Türkei war zwar bereits im Februar geschehen, doch auch fünf Monate später war die Zerstörung noch allgegenwärtig und viele Menschen waren traumatisiert. Die Statistik sprach von hundertfünfundzwanzigtausend Verletzten und sechzigtausend Toten. Hinter diesen Zahlen stehen einzelne Schicksale, aber auch Menschen, die sich unermüdlich für andere einsetzen.

Eine von ihnen ist Sofya. Die Türkin ist Direktorin der einheimischen Hilfsorganisation *Kardelen*. Sie ist Christin und stammt aus der Erdbebenregion Antakya. Als am Morgen nach dem Beben ihr Handy nicht aufhörte zu klingeln, ahnte sie nichts Gutes. Das Haus ihres Bruders lag in Trümmern, aber immerhin war niemand verletzt worden. Aus erster Hand erfuhr sie vom Ausmaß der Tragödie. Sofya fackelte nicht lange, sondern bat internationale Partner um Unterstützung und organisierte Hilfe. »Ich habe mit neun Monaten laufen gelernt«, meinte sie lachend, »ich dachte wohl damals schon: Let's go, there is a job to be done – los geht's, es gibt was zu tun.«

Kardelen ist spezialisiert auf Hilfen für Menschen mit Behinderungen. Sofya stellte mir Jülide vor, die sie im Erdbebengebiet kennengelernt hat. Die Studentin wurde beim Einsturz ihres Hauses schwer verletzt und ihr musste ein Unterschenkel amputiert werden. Als ich sie traf, konnte sie bereits wieder lächeln. Traumatherapie und finanzielle Hilfe für die Prothese gaben ihr neuen Lebensmut. Normalerweise zahlt die türkische Krankenversicherung nur dreißig Prozent dieser Versorgung – und viele Menschen sind überhaupt nicht versichert. Mithilfe von *Tearfund* und anderen Partnern springt *Kardelen* hier ein. Begeistert erzählte mir Sofya: »Wir können Menschen wie Jülide wieder Hoffnung geben. Und die Menschen in Antakya sagen: Wenn ihr Hilfe sucht, geht zu den Christen.«

> Mir wurde wieder einmal bewusst, dass das genau das war, was ich mir beruflich vorgestellt hatte: solche Hoffnungsgeschichten mit zu ermöglichen.

Als ich auf dem Rückweg im Flugzeug saß und die Türkei unter mir im Dunst verschwand, wurde mir wieder einmal bewusst, dass das genau das war, was ich mir beruflich vorgestellt hatte: solche Hoffnungsgeschichten mit zu ermöglichen. Und ich hatte noch besser verstanden, wie *Tearfund* arbeitet: Hand in Hand mit lokalen Experten.

Daneben realisierte ich noch etwas, nämlich wie gut es mir gesundheitlich ging. In den fünfzehn Jahren in Berlin hatte ich gewusst, dass ich am richtigen Platz war, aber nun atmete ich auf und mein Blutdruck blieb niedrig, mein Herz schlug ruhig und selbst der Rücken vertrug die engen Sitze im Flieger.

Armutsüberwinder

Ein Afrikaner kann sein Glück tanzen,
ein Europäer versucht, es zu zählen.

Meine nächste Reise führte mich in das Herz Afrikas, in den Südsudan. Das Land gehört zu den ärmsten Nationen weltweit, immer wieder gibt es Kämpfe von Rebellengruppen, Korruption bestimmt fast alle Lebensbereiche. *Tearfund* implementiert (eine der Vokabeln, die ich neu lernen musste ...) in Pochalla an der Grenze zu Äthiopien ein Programm, das vom *Bundesministerium für wirtschaftliche Zusammenarbeit und Entwicklung (BMZ)* gefördert wird. Es enthält Elemente der Nothilfe wie Versorgung mit Nahrungsmitteln, zielt aber auf mittelfristige Veränderungen. Bauern werden geschult, wie sie mit den Klimaveränderungen umgehen können, eine Farmers-Union, eine Art Genossenschaft, wurde gegründet und vieles mehr. Auch hier arbeiten wir mit lokalen Partnern zusammen.

Im Südsudan lernte ich Noura kennen. Sie hatte vor einer Weile eine unserer Schulungen besucht und dabei ein Poster gesehen. Darauf erhob ein Mann seine Faust gegen eine Frau. Als Analphabetin konnte sie den Text über häusliche Gewalt darunter nicht lesen, aber das Bild sprach Bände. »Das bin ich«, erzählte sie. »So geht es mir jeden Tag.« In ihrer Kultur war es ein Tabubruch, über die Gewalt zu sprechen, die Männer ihren Frauen antun, doch sie merkte, wie gut es ihr tat, gesehen zu werden. Noura beschloss, sich die Gewalt nicht länger gefallen zu lassen. Dabei erhielt sie Unterstützung von unserem Team vor Ort, das Gespräche mit ihrem Mann und den Dorfältesten führte. Anschließend machte sie eine Ausbildung zum »Peace Champion«, heute ist sie Friedensberaterin im Dorf. Wer ähnliche Probleme hat, kann sie aufsuchen und ihren Rat einholen. Erst war sie skeptisch, ob jemand kommen würde, doch ihr Beispiel half anderen Frauen, offen zu reden. Damit war der Prozess noch nicht abgeschlossen. Nach zwei Jahren wurde sie in den Ältestenrat ihres Stammes gewählt – als erste Frau überhaupt! Mit Noura haben die Frauen im Dorf nun eine Stimme. Für mich ist sie ein typisches Beispiel dafür, wie Hilfe geschieht, die etwas verändert: Sie beginnt mit einer Person und führt in der Folge dazu, dass gesellschaftliche Strukturen in Bewegung kommen.

Übrigens gibt es auch für Männer ein Programm, in dem sie lernen, gewaltfrei zu leben: *Transformed masculinity* heißt es. Wer es durchlaufen hat, kann sich zum »Gender Champion« ausbilden lassen und andere Männer schulen. Viele Gender Champions sind Pastoren. Sie lehren in ihren Kirchen, was die Bibel über die Würde von Frauen sagt und wie Männlichkeit aussehen kann, wenn man sich Jesus Christus zum Vorbild nimmt, wozu der Apostel Paulus uns ja ausdrücklich aufgefordert hat: »Ihr Männer, liebt eure Frauen, wie auch Christus die Gemeinde geliebt und sich selbst für sie hingegeben hat« (Epheser 5,25).

> Hilfe beginnt mit einer Person und führt in der Folge dazu, dass gesellschaftliche Strukturen in Bewegung kommen.

Wie wichtig das Thema Frieden für die Region ist und wie Zeichen aussehen können, die zum Frieden beitragen, erfuhr ich kurz darauf. Die gesamte Region Pochalla ist durch Sümpfe vom Rest des Landes abgeschnitten, man erreicht sie praktisch nur über den Luftweg. Im Auftrag des Welternährungsprogramms der Vereinten Nationen werden vor allem Nahrungsmittel und elementare Hilfsgüter eingeflogen. Einmal wöchentlich bringen sie auch Mitarbeiter von Hilfswerken ins Sumpfgebiet.

Auf dem Hinweg von der Hauptstadt Juba hatte uns ein kleines Flugzeug nach Pochalla gebracht, zurück ging es mit dem Hubschrauber. Ich war aufgeregt: mein erster Hubschrauberflug. Doch sah der Helikopter nicht gerade vertrauenerweckend aus. Vor dem Abflug zog ein Mechaniker mit seinem Schraubenschlüssel noch die Muttern an den Rotoren fest und im Innenraum hing die Verkleidung von der Decke. »Ist der Hubschrauber schon älter?«, fragte ich den Piloten. Er nickte: »Das ist ein russischer Mil Mi-8, ein Transporthubschrauber von 1961.« Ich schaute genauer hin. Man schien wirklich jedes einzelne Jahr zu sehen, das die Maschine auf dem Buckel hatte, aber offensichtlich hatte sie ihre Passagiere immer ans Ziel gebracht.

In Pochalla lebten ursprünglich sechzigtausend Menschen, doch viele waren über die nahe Grenze nach Äthiopien geflohen. In der schwer zugänglichen Region hatten sich jahrelang Rebellen verschanzt, die gegen die Regierung kämpften. Die Hauptstadt war weit und niemand störte sie. So trieben sie in den Dörfern ihr Unwesen: Sie zerstörten Häuser, brannten Felder nieder, nahmen sich Frauen mit Gewalt, entführten Kinder. Die meisten Dorfbewohner ergriffen die Flucht. Seit einigen Jahren kehren die Menschen wieder zurück in ihre Heimat, aber viele Dörfer und Äcker sind zerstört und die Bewohner traumatisiert. Fast alle, die hier leben, haben Angehörige in den Auseinandersetzungen verloren.

Als der Hubschrauber landete, herrschte große Aufregung auf dem kleinen Flugplatz. »Hast du gesehen, wer vor dir im Hubschrauber saß?«, fragte mich ein lokaler Mitarbeiter. »Nein, wer denn?« »Ein Kind – ein Kind, das Hoffnung gibt.« Und dann hörte ich die Geschichte der Anuak und der Murle. Die Anuak sind ein Stamm, der von Landwirtschaft lebt, und die Murle sind kriegerische Nomaden, die ihre Herden oft über die Äcker der Anuak treiben, um sie als Weideland zu nutzen – und damit zerstören sie die Lebensgrundlage der Bauern. Der Konflikt zwischen ihnen schwelt seit Jahren. Besonders perfide war, dass die Murle immer wieder Kinder der Anuak als Geiseln nahmen. Der Konflikt schien unlösbar.

Doch nun erlebten wir einen Meilenstein. Friedensvermittler hatten intensiv mit den Stammesführern der Murle gesprochen und ihnen neue Weideflächen angeboten, wenn sie die entführten Kinder zurückgäben. Es wurde lange verhandelt. Schließlich durfte das erste Kind in den Hubschrauber steigen und nach Hause fliegen. Der Helikopter, der uns nun mitnehmen würde, hatte es gebracht. Ein echtes Friedenskind.

Doch nun erlebten wir einen Meilenstein.

Noch ist die Situation äußerst fragil, doch ein erster Schritt in Richtung Frieden ist geschehen – und dass ein Kind wirklichen Frieden bringen kann, ist für Christen ja nicht ganz unbekannt.

Zeiten wie diese im Ausland gehören dazu und sind sehr wichtig, um den Kontakt zu unseren Partnern zu halten, aber auch, um die Arbeit vor Ort zu erleben und nicht nur vom heimischen Schreibtisch aus wahrzunehmen. Den größten Teil meiner Zeit verbringe ich allerdings in Berlin mit meinem Team – montags fahre ich mit dem Zug in die Hauptstadt und donnerstagnachmittags geht es wieder zurück nach Gera. In Berlin wohne ich unter der Woche in einer WG. Mit, na klar, meinem Freund Frank Heinrich, mittlerweile Vorstand der Evangelischen Allianz Deutschland – wir genießen die abendlichen Gespräche auf dem Balkon und planen gemeinsame Projekte.

Eines davon war der Besuch einer Delegation aus der Zentralafrikanischen Republik (ZAR), die im Oktober 2023 nach Berlin kam. Unsere Gäste gehörten zu einem »Peace Council«, einem Friedensrat, der aus einem Imam, dem Vorsitzenden der lokalen Evangelischen Allianz und der ehemaligen Verteidigungsministerin der Zentralafrikanischen Republik bestand. Gemeinsam besuchten wir den Bundestag und trafen uns mit Politikerinnen und Politikern.

Zwei Tage zuvor hatte die islamistische Terrororganisation Hamas Israel angegriffen. Und hier saßen Christen und Muslime aus einem Bürgerkriegsland, in dem christliche und islamische Milizen einander bekämpft hatten, an einem Tisch und berichteten über den Friedensprozess in ihrem Land. »Auf beiden Seiten sind Menschen bedroht worden, Pastoren und Imame wurden von der jeweils anderen Seite verfolgt und erschossen«, hielt die Verteidigungsministerin fest, »doch die Mitglieder des Peace Council haben bei allen Parteien für Frieden geworben. In ihren Kirchen und Moscheen haben sie Waffen eingesammelt.« Frieden ist möglich. Eine Botschaft, die angesichts der Schockbilder aus Israel noch tiefer unter die Haut ging.

Frieden ist möglich. Eine Botschaft, die angesichts der Schockbilder aus Israel noch tiefer unter die Haut ging.

Parallel zur Arbeit bei *Tearfund* entstand mal wieder ein Buch. Ein befreundeter Verleger schrieb mir in einer Mail: »Wir haben ein Problem. Wir haben ein Kinderbuch im Programm – *Klimahelden* –, in dem wahre Geschichten erzählt werden, wie Kinder auf der ganzen Welt sich für eine gesunde Umwelt einsetzen. Band 2 ist bereits in der Entstehung. Da geht es ebenfalls aus kindlicher Perspektive ums Thema Gerechtigkeit. *Das ist unfair* soll es heißen. Leider ist die Autorin erkrankt und wir suchen deshalb einen neuen Autor.«

Eigentlich hatte ich genug Arbeit auf dem Schreibtisch und ich dachte an die Regel, sich als Einsteiger in einem neuen Job im ersten Jahr nichts anderes aufzubürden. Doch das Projekt hörte sich gut an, und mir fielen meine eigenen Kinder ein, die sich irgendwann beschwert hatten: »Für alle möglichen Leute schreibst du Bücher, aber für Kinder ist nichts dabei …« So saß ich in jeder freien Minute an dem Buchtext und schrieb über Malala Yousafzai, die sich in Pakistan für die Rechte von Mädchen eingesetzt hat und deshalb angeschossen wurde. Sie ist die jüngste Trägerin des Friedensnobelpreises. Ich schrieb über das erste schwarze Mädchen, das in den USA eine Schule für Weiße besuchte, über ein Kind, das sich bei Barack Obama über verschmutztes Trinkwasser beschwerte, und etliche andere. Und ich merke, dass das Buch viel mit dem zu tun hat, was ich bei *Tearfund* als Armutsüberwinder erreichen möchte.

Mitten hinein in diese neue Aufgabe kam ein weiterer Abschied. Mein älterer Bruder Peter war seit Jahren krank. Er war ein starker Raucher und litt an Diabetes. Mein Verhältnis zu ihm war lange angespannt gewesen, eine längere Zeit war der Kontakt abgebrochen, aber wir hatten uns vor ein paar Jahren versöhnt. Mein Bruder war nie jemand, der große Worte machte, und seine Geste zur Versöhnung, als wir bei unseren Eltern eingeladen waren, hat mich tief bewegt.

Peter hatte eine Blechbüchse dabei und sagte mit leichtem Zögern: »Ich hab dir was mitgebracht …« In der Box lag ein schwerer Gegenstand, sorgfältig in ein Handtuch eingewickelt. Ich holte ihn heraus und fand ein Neues Testament von 1885, gedruckt in Halle an der Saale. »Und?«, mein Bruder sah mich fragend an. »Gefällt es dir?« »Und ob. Vielen Dank!« Seine Botschaft war angekommen. Peter hätte es nicht geschafft, sich zu entschuldigen oder über unsere gemeinsamen Fehler und Versäumnisse aus der Vergangenheit zu reden, aber mit diesem Geschenk ließ er sich so weit auf meine Welt ein, wie es ihm möglich war, und bot mir damit auf seine Weise Versöhnung an. Seit diesem Moment hatten wir wieder ein engeres Verhältnis und ich besuchte ihn ein- oder zweimal im Jahr in Nordfriesland, wo er mit seiner Frau wohnte.

Und nun lag er nach langer Krankheit im Sterben. Wegen seines Diabetes hatte ein Bein amputiert werden müssen und dabei hatte es Komplikationen gegeben. Ich verbrachte die letzten beiden Nächte an seiner Seite im Krankenhaus, bis die Organe versagten. Meine Schwägerin verriet mir, dass er sich eine Seebestattung gewünscht hatte, denn er war immer gern auf dem Meer gewesen. Christine und ich waren uns einig, dass wir Peter diesen letzten Wunsch erfüllen wollten. Als wir seine Urne dem Meer übergaben, weinten alle an Bord des Schiffes. Ich auch. Ich schlug die Bibel auf, die er mir geschenkt hatte, und las die Worte von Psalm 23,6, die noch lange nachklangen: »Gutes und Barmherzigkeit werden mir folgen mein Leben lang, und ich werde bleiben im Hause des Herrn immerdar.« Was für ein Trost.

Gleichzeitig wurde mir bewusst, dass ich mit ihm die letzte Person meiner ursprünglichen Familie begraben hatte, denn auch meine ältere Schwester war bereits gestorben.

Gleichzeitig wurde mir bewusst, dass ich mit ihm die letzte Person meiner ursprünglichen Familie begraben hatte, denn auch meine ältere Schwester war bereits gestorben.

Abschiede und Neuanfänge, beides gehört zum Leben. Wenn ich meine Geschichte betrachte, bin ich voller Dankbarkeit und staune darüber, was Gott tun kann, wie viele Neuanfänge und zweite Chancen möglich waren und wie viel Gutes entstanden ist. In meinem eigenen Leben und weit darüber hinaus.

Adressen, Links und Quellen

Tearfund Deutschland e.V.
Müllerstraße 61a, 13349 Berlin
E-Mail: info@tearfund.de
Website: www.tearfund.de

Arbeitsgemeinschaft christlicher Lebenshilfen
Kontakt: Frieda Penner
Lange Str. 29, 37194 Bodenfelde
E-Mail: info@acl-deutschland.de
Website: www.acl-deutschland.de

Deutsche Hauptstelle für Suchtfragen e.V.
Westenwall 4, 59065 Hamm
E-Mail: info@dhs.de
Website: www.dhs.de

Gemeinsam gegen Menschenhandel e.V.
Uhlandstraße 20–25, 10623 Berlin
E-Mail: info@ggmh.de
Website: www.ggmh.de

Politischer Beauftragter am Sitz des Deutschen Bundestages und der Bundesregierung
Kontakt: Frank Heinrich
Behrenstraße 73, 10117 Berlin

E-Mail: Buero.Berlin@ead.de
Website: https://politik.ead.de/beauftragter

Uwe Heimowski
Website: www.heimowski.net
Facebook: https://www.facebook.com/uwe.heimowski
Instagram: https://www.instagram.com/uwe.heimowski/
YouTube: https./www.youtube.com/@unsuwegera
Podcast: Wegfinder – Jesus folgen in einer komplexen Welt (in allen gängigen Podcatchern)

Weitere Bücher von Uwe Heimowski

Eine Auswahl der Titel von Uwe Heimowski bzw. der Bücher, die im vorliegenden Buch erwähnt werden:

- Im Land der drei Sonnen. Mein Weg aus der Spielsucht. Oncken, 1989 (vergriffen).
- Die Heilsarmee. Practical religion – gelebter Glaube. Neufeld, 2006.
- Mission: Verantwortung. Von der Heilsarmee in den Bundestag – Frank Heinrich im Gespräch mit Uwe Heimowski. Neufeld, 2013.
- Brunos Dankeschön. Geschichten von der Reeperbahn. Neufeld, 2013.
- Mit Frank Heinrich: Ich lebe! Ein Plädoyer für die Würde des Menschen. Neukirchener, 2016.
- Mit Frank Heinrich: Der verdrängte Skandal Menschenhandel in Deutschland. Brendow, 2016.
- Der politische Jesus und die Botschaft vom Reich Gottes. Essays, Beobachtungen und Kommentare. VTR, 2019.
- Wer an Wunder glaubt, den wundert nichts. Kraftvolle Impulse für alle Wochen des Jahres. SCM, 2021.

- Diesseits von Eden. Gedichte. Adeo, 2022.
- Die Bibel und die Demokratie. Essays, Beobachtungen und Kommentare. VTR, 2023.
- Ist das fair? Ein kleines Buch über Gerechtigkeit. Neufeld, 2024.
- Link zu Veröffentlichungen des Autors in der Deutschen Nationalbibliothek: https://portal.dnb.de/opac/simpleSearch?query=heimowski

Anmerkungen

1 Alle Kapiteleinstiegszitate stammen von Uwe Heimowski.

2 Luchterhand, 1968, S. 386.

3 https://www.evangeliums.net/lieder/lied_du_vergibst_mir_all_meine_schuld.html